防ぎたい 迷わない

いざというとき学校現場で役に立つ

# 食物アナフィラキシー
## 対応ガイドブック

監修 **伊藤節子** 同志社女子大学生活科学部食物栄養科学科

編集 **兵庫食物アレルギー研究会**

診断と治療社

## 執筆者一覧

**監　修**
伊藤節子　同志社女子大学生活科学部食物栄養科学科

**編　集**
兵庫食物アレルギー研究会

**執　筆（50音順）**
小野　厚　　　大阪府済生会泉尾病院小児科
笠原道雄　　　中野こども病院小児科
木村彰宏　　　いたやどクリニック小児科
黒坂文武　　　くろさか小児科・アレルギー科
黒田英造　　　くろだ小児科・アレルギー科
小島崇嗣　　　小島医院
笹井みさ　　　大正病院小児科
佐藤仁美　　　尼崎医療生協病院小児科
佐守友仁　　　佐守小児科
谷内昇一郎　　関西医科大学小児アレルギー科
田村京子　　　いたやどクリニック小児科
西野昌光　　　千船病院小児科
福田典子　　　兵庫医科大学病院小児科
森岡芳雄　　　東神戸病院小児科
山本千尋　　　山城小児科医院

## 監修の序

　平成 26 年 3 月に文部科学省から「今後の学校給食における食物アレルギー対応について」という通知がだされました。その 1 年後の本年 3 月には「学校給食における食物アレルギー対応指針」がだされ，文部科学省・日本学校保健会より「学校生活上の留意点（食物アレルギー・アナフィラキシー）」,「緊急時の対応」などの資料・DVD 教材が配られると同時に文部科学省のホームページにも公開されました。

　各学校ではこれまでも，それぞれの地域の現状に合わせた形で，給食を中心に学校生活における食物アレルギー対策と誤食時などの緊急時の対応について研修を重ねてこられたことでしょう。今後，学校現場ではこれまで以上に適切な食物アレルギー対応を行うことが求められるようになってきます。

　理論はわかるが，それでは具体的にはどうしたらよいのか。本書はまさにこの点について，タイトルで示されるように，いざというときに学校生活で役立つ食物によるアナフィラキシーへの対応の仕方を具体的に示したガイドブックです。

　本書の企画・編集・執筆にあたられた先生方の属される兵庫食物アレルギー研究会は 1991 年 2 月に発足し，2015 年で 230 回を超える例会が開かれたと伺っています。その後も月に 1 回の例会が開かれています。本書は学校関係者の座右の "書" となるばかりでなく，学校関係者からいろいろと質問を受けられる先生方にも大変参考になる書と考えます。

　本書が食物アレルギー児の安全で楽しい学校生活の実現に役立つことを心から願っています。

2015 年 3 月
同志社女子大学生活科学部食物栄養科学科　**伊藤節子**

## 編集の序

　食物アレルギーに関連した本は既に数多く出版されています。本書は学校現場の実情に即して実践できることを目的として編集しました。毎日多忙な学校現場におられる先生方にとって食物アレルギーは日常業務の一部に過ぎません。しかし見逃すと命にかかわります。そんな厳しい環境のなかにおられる先生が児童・生徒のちょっとしたサインを見逃すことなく，的確に行動できるように工夫しました。

　食物アレルギーの症状は紀元前400年頃ヒポクラテスによって「異常体質(idiosyncrasy)」という言葉で表現されていました。昔はアレルギーを単に本人の特異的な体質として真剣に取り組んでいませんでした。このような考え方が浸透してしまった結果，アレルギーは特別の人だけに起こる特殊なこととして世間に定着してしまいました。その転機の事件が1988年の札幌で起こりました。そばアレルギーの児童が学校給食のそばを食べてしまって，帰宅途中に死亡する事故が発生したのです。この件に関しては1992年に，担任の教諭と札幌教育委員会の安全配慮義務違反とする判決がでました。これを転機に文部科学省は2004年に全国の学校におけるアレルギー調査を行い，その結果児童・生徒のアレルギー疾患有病率が高く，食物アレルギーは2.6％との報告がなされました。これを受けて，2008年に「学校のアレルギー疾患に対する取り組みガイドライン」が発行され，同時に学校生活管理指導表も作成され，学校現場の対応は万全のように思えました。しかし2012年12月に調布市において牛乳アレルギーの女児が誤ってチーズ入りじゃがいものチジミを食べ死亡するという痛ましい事故が起きてしまったのです。しかもエピペン®を持っていたにもかかわらずです。今必要なことは即実践で役に立つことです。何をふだんから準備し，症状から何を考え，いつ何をするのか。現場で求められていることは実際の行動です。単なる知識だけでは事故を防ぐことができません。

　本書は随所にチャート・グラフを用い，現実に症状がでたときいかに早く気がつき，適切に次の行動に移れるか，ふだんから準備すべきことなどについて具体的に記載しています。本書が先生の座右の書として役立ち，食物アレルギーの児童・生徒が安心して学校生活を，そして先生自身も自信をもって本来の教師としての生活に専念できることを心から祈念してやみません。

2015年3月
くろさか小児科・アレルギー科　**黒坂文武**

# Contents

執筆者一覧‥ii　　監修の序 ● 伊藤節子‥iii　　編集の序 ● 黒坂文武‥v　　はじめに ● 木村彰宏‥viii

## 1章　学校で食物アナフィラキシーが起こったら さあどうする？どう対応する？

### A. まずは先生が異変を知ること ……………………………… 2
1. 子どもに異変が起きていても，先生に伝わらなければ対応はできません ● 木村彰宏……2
2. 動かずに先生を呼びましょう ● 木村彰宏……3

### B. 症状の観察と聞き取り ……………………………………… 4
1. 自覚症状と他覚症状を覚えておきましょう ● 木村彰宏……4
2. アナフィラキシーを疑うとき① ● 木村彰宏……5
3. アナフィラキシーを疑うとき② ● 木村彰宏……6
4. アナフィラキシーが起きるきっかけを覚えておきましょう ● 木村彰宏……7

### C. 異変を起こした子どもへの最初の対応 …………………… 8
1. アナフィラキシーを疑ったら ● 小島崇嗣……8
2. 子ども本人から積極的に症状を聞き取る ● 福田典子……10
3. 体を横にする ● 福田典子……12
4. 応援を呼ぶ ● 木村彰宏……13

> 2・3・4は並行して行うこともあり得ると考えましょう！柔軟な対応が必要です。

### D. 手あてをする・救急車を呼ぶ・保護者へ連絡する ……… 14
1. 養護の先生の出番です ● 小島崇嗣……14
2. アナフィラキシー専用救急セットを子どもの手もとに取り寄せましょう ● 佐藤仁美……15
3. 記録をとる ● 小島崇嗣……17
4. 主治医に連絡する ● 小島崇嗣……19
5. 緊急薬を服用する ● 小島崇嗣……20
6. まわりの子どもを移動させる ● 小島崇嗣……21
7. 子どもを運ぶ ● 小島崇嗣……22
8. 救急車を呼んで迎える ● 小島崇嗣……23
9. 保護者へ連絡する ● 小島崇嗣……24

> 1〜9は並行して行うこともあり得ると考えましょう！柔軟な対応が必要です。

### E. 正しくエピペン®を使用する ……………………………… 25
1. エピペン®の適応を確認しましょう ● 佐藤仁美……25
2. 手順に従ってエピペン®を使用しましょう ● 佐藤仁美……27
   - コラム　エピペン®の効果と有害事象 ● 笹井みさ，笠原道雄……29

## 2章　学校職員による アナフィラキシー対策トレーニング方法

1. 食物アレルギー対応委員会の役割 ● 森岡芳雄……32
2. エピペン®トレーニングと管理方法 ● 笹井みさ，笠原道雄……36
   - コラム　練習用トレーナーと本物のエピペン®との相違点 ● 木村彰宏……39
3. ロールプレイングの方法と注意点 ● 山本千尋，小野　厚……40

## 3章 日頃から備えておきたい！学校現場における食物アレルギー児の個別対応計画

### A. 食物アレルギー児の個別対応計画 ・・・・・・ 46
1. 学校における食物アレルギー児の個別対応計画についての保護者への説明 ●田村京子・・・・・46
2. 食物アレルギー調査のポイント ●田村京子・・・・・48
3. 食物アレルギー調査書類・・・・・50
   - a. 学校生活管理指導表 ●田村京子・・・50
   - b. 食物アレルギー診断書 ●田村京子・・・52
   - c. 食物アレルギー除去申告書 ●田村京子・・・54
4. エピペン®携帯になった理由と過去に起きた症状の聞き取り方 ●田村京子・・・・・56
5. 食物アレルギー携帯カードの作成方法 ●田村京子・・・・・58
6. 食物アレルギー児の個別対応計画の作成方法 ●田村京子・・・・・59
7. 給食の除去レベルの決定方法 ●田村京子・・・・・61

### B. 学校生活を安全に送るための注意点 ・・・・・・ 62
1. 体育・部活動中の注意点 ●谷内昇一郎・・・・・62
2. 調理実習を行う際の注意点 ●谷内昇一郎・・・・・64
3. 食べ物を取り扱う授業での注意点 ●谷内昇一郎・・・・・66
4. 掃除のときの注意点 ●谷内昇一郎・・・・・68
5. 宿泊を伴う学校行事の注意点 ●谷内昇一郎・・・・・70
6. 登下校中の注意点 ●谷内昇一郎・・・・・73

### C. 学校給食の注意点 ・・・・・・ 74
1. 安全なアレルギー対応の学校給食を提供するための基本事項 ●佐守友仁・・・・・74
2. 除去のレベルに基づいた給食方法 ●佐守友仁・・・・・77
3. 安全に食事を取るための注意点 ●佐守友仁・・・・・79
4. 給食室から教室までの注意点 ●佐守友仁・・・・・81
5. 給食当番の注意点 ●佐守友仁・・・・・82
6. 給食中の注意点 ●佐守友仁・・・・・83
7. 後かたづけの注意点 ●佐守友仁・・・・・85
8. お弁当持参時の注意点 ●佐守友仁・・・・・86
9. ユニバーサル献立の必要性 ●木村彰宏・・・・・87

## 4章 食物アレルギーとアナフィラキシーについてこれだけは覚えておきたいこと

1. 食物アレルギーとは何か，注意すべき原因食物とは何か？ ●西野昌光・・・・・90
2. 食物アレルギーの重症度を正しく評価する方法 ●西野昌光・・・・・94
3. 口腔アレルギー症候群 ●黒田英造・・・・・97
4. 食物依存性運動誘発アナフィラキシー ●黒田英造・・・・・99

### はじめに
# 食物アナフィラキシーには，「起こさない安全管理」と「起きたときの危機管理」の2つの管理をセットで対策を立てましょう

## 起こさない安全管理

> リスクコミュニケーション
> （食物アナフィラキシーを起こさない安全管理）

　食物アナフィラキシーを起こさないためには，子どもの学校生活でのあらゆる場面を想定して対策を立てるようにしましょう。

- ●**安全な給食の提供**……ユニバーサル献立の普及，食材情報の管理，調理過程での混入を防ぐシステム，誤配膳を防ぐシステム
- ●**安全な教室管理**………食物による教室汚染時の対応
- ●**教育学習上の配慮**……給食当番・掃除当番・教材の安全管理
- ●**学校行事の安全管理**…部活動の合宿・校外研修・修学旅行

　机上での論議に終始するのではなく，実際に給食室や教室に足を運び，起こりうるあらゆる場合を想定します。その際，第三者が立ち会うと状況を客観視できて有用です。子どもや学校の実情にあわない"借り物"のマニュアルを，そのまま借用して安全管理対策を立案することは避けましょう。また，保護者の要望との調整も必要です。

## 起きたときの危機管理

> クライシスマネジメント
> （食物アナフィラキシーが起きたときの危機管理）

　危機管理には次の4つのポイントがあります。

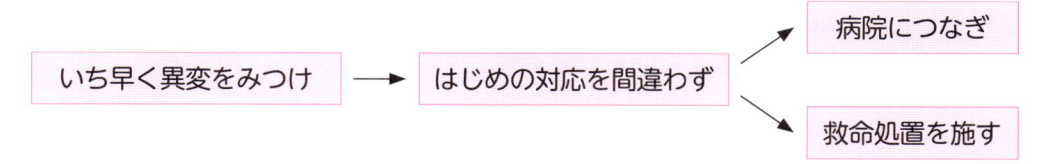

いち早く異変をみつけ → はじめの対応を間違わず → 病院につなぎ／救命処置を施す

　これはすべての教職員が知っておくべきポイントです。実際に行動できるまで理解を深めるためには，症状が出現したときから，救急搬送が終わるまでを時間の流れに沿って模擬体験することです。研修会にロールプレイングを取り入れることは特に有用です。

（木村彰宏）

# 1 章

学校で食物アナフィラキシーが起こったら

## さあどうする？
## どう対応する？

A. まずは先生が異変を知ること

# 1. 子どもに異変が起きていても，先生に伝わらなければ対応はできません

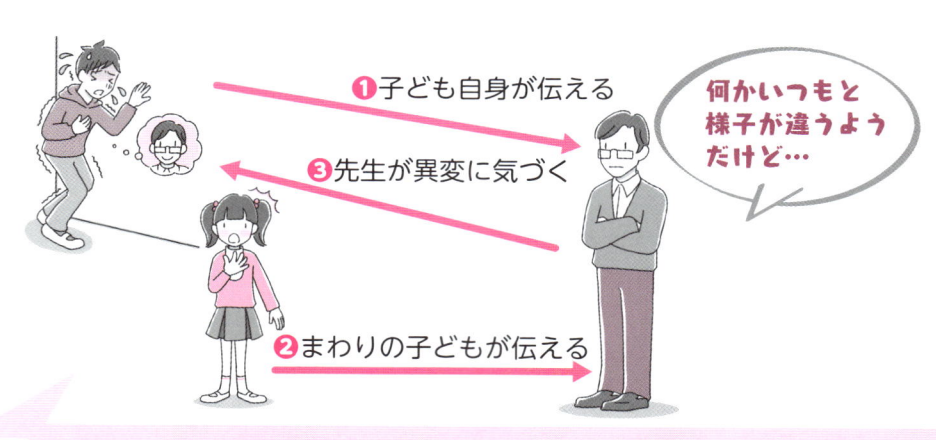

❶ 子ども自身が伝える
❷ まわりの子どもが伝える
❸ 先生が異変に気づく

「何かいつもと様子が違うようだけど…」

**Point** 「いつもと様子が違う，なにか変だな」
アナフィラキシー対応は，先生が，子どもの異変に気づくことからはじまります。

**解説** 子どもの異変に，先生が気づく過程には，3つのルートがあります。

▶**子どもが，自分から先生に異変を伝える**
身体の異変に気づいたときに，すぐに先生に伝えるように指導しておきましょう。あとで軽い症状で終わった場合でも，遠慮せずに伝えるという信頼関係をつくっておくことが大切です。

▶**子どもの異変に，まわりの子どもが気づき，先生に伝える**
友だちの様子が気になるときには，すぐに先生に伝えるという助け合いの気持ちを育てるようにします。

▶**先生が子どもの異変に気づく**
先生が子どもの異変に気づくときは，症状が進んだ段階のことが多いので，救命対応が必要になります。

**NG!**
・子どもの訴えへの対応を後回しにする。「もう少し様子をみようね」
・子どもの訴えに疑いの言葉をはさむ。「この間も，大丈夫だったし」
・子どもに対応方法を決めさせる。「お薬を飲んだ方がいいかな？」
・子どもを1人にする。「トイレに行っておいで」「保健室に行きなさい」

（木村彰宏）

A. まずは先生が異変を知ること

# 2. 動かずに先生を呼びましょう

## 子どもに繰り返し教えておくこと

気分悪いから，先生呼んできて！

- おかしいなと感じたら我慢しない
- 動かない，座ってじっとする
- 友だちに先生を呼んできてもらう

✗ 苦しいけど迷惑をかけるから，もう少し我慢しなくちゃ
✗ 自分でトイレに行かなくちゃ
✗ 自分で先生を呼びに行かなくちゃ
✗ エピペン®を使おうかな…

**Point**
子どもに繰り返して教えておくこと
「いつもと違う，なにか変だな」と感じたら
①我慢をしない。
②動かず，じっとする，その場に座りこむ。
③まわりの友だちに先生を呼んできてもらう。

**解説**
- アナフィラキシーが起き始めているときに，身体を動かすと症状が進行します。
- 「変だな」と感じたら，我慢せず，動かずにじっとする，その場に座り込む，などの身を守る方法を教えてもらっている子どもは多くありません。
- アナフィラキシーは子どもの判断力を奪う側面があるので，動かない，まわりの人に助けてもらうなど，大人と一緒に経過を観察するという大原則を，繰り返し子どもに伝えてください。

**NG!**
- 大ごとになり，みんなに迷惑をかけるかもしれないから，もう少し我慢する。
- 気分が悪いので，自分でトイレに行く。
- 自分で先生を呼びに行ったり，保健室に行く。
- 自分ひとりで薬を飲んだり，エピペン®を使おうとする。

（木村彰宏）

## B. 症状の観察と聞き取り

# 1. 自覚症状と他覚症状を覚えておきましょう

|  | 自覚症状 | 他覚症状 |
|---|---|---|
| 皮膚・粘膜の症状 | 皮膚がかゆくなる | 皮膚が白あるいは赤くなる，じんましん，まぶたが腫れる，口の中が腫れる |
| 消化器の症状 | 口の中に違和感を感じる，飲み込みにくくなる，おなかがゴロゴロする，吐き気・腹痛を感じる，便意や尿意をもよおす | 嘔吐や下痢をする，おなかを抱えて冷や汗をかいている |
| 呼吸器の症状 | 鼻がつまる，喉や胸がしめつけられる，息がしにくくなる | くしゃみ・咳がでる，声がかすれている，呼吸音がゼーゼー・ヒューヒュー聞こえる，呼吸困難を起こしている |
| 循環器の症状 | 胸がドキドキする（動悸），胸が苦しくなる | 脈が触れにくくなる，血圧低下，爪や唇が青白い・紫色（チアノーゼ） |
| 神経の症状 | くちびるがしびれる，手足がしびれる，耳鳴り・めまいがする，眠気を感じる，フラフラする，目の前が暗くなる | 元気がなくなる，ぐったりしている，横になりたがる，意識がもうろうとしている，便や尿を漏らす，けいれんする |

**Point**
アナフィラキシーの症状は，2つに分けられます。
①自覚症状…子ども自身が，感じ取ることができる症状
　　　　　症状の初期の段階で，子ども自身が気づきます。
②他覚症状…まわりの人が，気づくことができる症状
　　　　　症状が進んでいる段階で，誰が見てもわかります。

**解説**
・症状が起き始めた早い段階から，子どもは症状を自覚することができます（自覚症状）。しかし，自分の身体に起きている異変を，言葉に置き換えて先生に伝えることは簡単ではありません。迷惑をかけたくないという気遣いや，どうにかなるだろうといった楽観的な見通しは，初期対応を遅らせる判断ミスにつながります。
・症状が進むと，子ども以外のまわりの人も，異変に気づくことができます（他覚症状）。しかし，この段階は症状が進んだ段階なので，異変を把握したあとの対応は急を要します。
・いつもと違う身体のおかしさを感じたら，とりあえず先生に異変を伝えるように，子どもに教えておいてください。

**NG!**
・自分のことは，できる限り自分でするように例外なく教える。
・少しぐらいつらくても，我慢するように例外なく教える。

（木村彰宏）

## B. 症状の観察と聞き取り

# 2. アナフィラキシーを疑うとき①

### アナフィラキシーを判断するポイントは

食べ物に関係して
＋
全身への症状の広がり
＋
急速に進行している
↓
**アナフィラキシー**

**Point**
アナフィラキシーと，他の病気とを区別するポイントは2点です。
①全身への症状の広がり
②急速に進行している

**解説**

▶**全身への症状の広がり**
アナフィラキシーは，口の中の違和感や皮膚の症状（かゆみやじんましん）から始まることが観察されます。さらに，おなかの症状（腹痛や嘔吐）や呼吸の症状（息苦しさ）が現れると，全身に症状が広がってきていると判断します。

▶**急速に進行している**
症状が現れると，数分単位で症状は進行します。

"全身への症状の広がり"が"急速に進行してる"場合には，食物が原因と判断できなくてもアナフィラキシーとして救急対応を行いましょう。

**NG!**
・全身への症状の広がりを見逃してしまう。
・急速な症状の進行を軽視して，もう少し観察をしようと判断する。
・アナフィラキシーの対応を行うよりも先に，原因食物探しに終始してしまう。

（木村彰宏）

### B. 症状の観察と聞き取り

# 3. アナフィラキシーを疑うとき②

### ポイントは「2つ以上の症状が」+「急速に」

**症状が1つ**
・じんましんのみ
・腹痛のみ
　　　　　　　など

**症状が2つ以上**
・じんましんと咳
・腹痛と咳とふらつき
　　　　　　　など

症状が1つのときはまだアナフィラキシーと推定できません。

症状が2つ以上認められた時点で全身の症状＝アナフィラキシーです。
⇒行動開始！

**Point**
- 「全身への症状の広がり」とは，2つ以上の症状がみられるという意味です。
- 身体の2つ以上の場所に，症状が急速に広がってきている場合は，アナフィラキシーだと認識し，行動を開始します。

**解説**
- ①皮膚・粘膜の症状，②消化器の症状，③呼吸器の症状，④循環器の症状，⑤神経の症状というように身体の2つ以上の場所に症状が急速に広がっていれば，アナフィラキシーと考えて行動します。症状は「自覚症状」「他覚症状」を問いません。
- アナフィラキシーが進み，ショックのような最終段階では，全身の症状がすべてでそろいます。しかし，その段階での気づきは，対応が遅すぎるので，症状がでそろわない初期段階で，「アナフィラキシーかもしれない」と気づくことが大切です。
- じんましんは，全身に広がることがありますが，じんましんだけの場合は，皮膚だけの症状なので，1つの症状と数え，これだけでは「全身への症状の広がり」とはいえません。皮膚以外の症状が1つでも追加して認められれば，「全身への症状」と認識します。

**NG！**
- 「どこか他に悪いところはないの？」など，抽象的な質問を子どもに問いかける。
- 症状が1つだけの場合に，慌ててしまってエピペン®を使用する。

（木村彰宏）

B. 症状の観察と聞き取り

# 4. アナフィラキシーが起きるきっかけを覚えておきましょう

- 誤食した
- あるいは下記の症状が重なった

誤食　＋　体調不良（疲れ・風邪　睡眠不足）　＋　引きがね（運動　入浴）

**Point**
食物アレルギーが完全に治っていないときには，
- 運動や入浴が，症状出現の「引きがね」となります。
- 体調の変化も，症状がでる誘因となります。
（風邪ひきや花粉の季節，疲れや睡眠不足など）

**解説**
- ふだん食べ慣れているものも，疲れや風邪などの悪条件がそろえば，アナフィラキシーの原因となることがあるので注意します。
- 食後の汗をかくほどの激しい運動は，アナフィラキシーの最大の「引きがね」です。スポーツだけでなく，小さな子どもでは，はしゃぎ過ぎたり，大声で泣き続けるだけで，症状がでやすくなります。
- 入浴や冷房が効きすぎた部屋に入るなど，環境温度が急に変化するときにも，症状がでやすくなります。
- 発熱や下痢を伴う体調不良は，発症の誘因となります。また，花粉症の季節も体調不良になりやすいので，症状がでやすくなります。
- 抜歯後や口内炎など口の中に傷があるときは症状がでやすくなります。

**NG！**
- 食べた後，すぐに激しい運動をさせる。
- 食べた後，すぐにお風呂に入らせる。

（木村彰宏）

## C. 異変を起こした子どもへの最初の対応

# 1. アナフィラキシーを疑ったら

**積極的な聞き取り**

先生，おなかが痛いんです…

息苦しくはない？
どこかかゆくはない？

横になろうね。

**身体を横にする**

**応援を呼ぶ**

保健室の先生に来てもらって！
校長先生にもね！

**Point**
- アナフィラキシーかどうかを確認するために，「積極的な聞き取り」をしましょう。
- 子どもをあおむけに寝かせて，可能なら足を15〜30cm高くしましょう。
- 養護教諭を呼びましょう。できるだけ多くの先生に来てもらうように近くの子どもに頼みましょう。

**解説**

▶**アナフィラキシーを確認するポイント**
2つ以上の症状が全身に広がっているかどうか，そして，急速に広がっているかどうかの2点を確認します。アナフィラキシー時の行動指針に沿って行動を始めます。

▶**アナフィラキシーを疑ったときの子どもの体位**
ショック体位（あおむけに寝かせて，顔を横に向けて，足を少し高くする）をとらせます。これで転倒と脳血流の低下を防ぎます。

▶**応援を呼ぶ**
先生を呼びに行く役割は，近くにいる子どもに頼みます。アナフィラキシーを起こしている子どものそばを離れてはいけません。隣の教室の先生や，学校長，教頭など管理職の先生にも集まってもらいます。

**NG!**
・状態の悪い子どもを見たときに，少し様子をみるのか，すぐに救急対応を始めるのかの判断を子ども本人に任せてしまう。
・子どもの意見に左右されてしまう。
・自分ひとりで判断して対応しようとする。

（小島崇嗣）

## MEMO

## C. 異変を起こした子どもへの最初の対応

# 2. 子ども本人から積極的に症状を聞き取る

> 2・3・4は並行して行うこともあり得ると考えましょう！柔軟な対応が必要です。

### アナフィラキシーを疑ったら，積極的に症状を聞き取る

アナフィラキシーの始まりかもしれない…。
「積極的な聞き取り」が必要だな。
それから，ほかの先生方の応援を頼もう。

（息苦しくはない？どこかかゆくはない？）
（横になろうね。）
（先生，おなかが痛いんです…）

**Point**
アナフィラキシーを疑ったら，「積極的な聞き取り」を行いましょう。
- 身体の2つ以上の場所に症状が現われている。
- 急速に進行している。

この2つの点が確認できれば，アナフィラキシーです。

**解説**
- 食物アナフィラキシーの既往がある子どもが身体の異変を訴えた場合でも，アナフィラキシーが起きているとは限りません。反対に，アナフィラキシーの既往がない子どもが身体の異変を訴えたとき，その子どもにとってはじめてのアナフィラキシーが起きている場合があります。どの子どもにもアナフィラキシーが起きる可能性があります。子どもが身体の異変を訴えたときには，アナフィラキシーの心配をすべきか，それとも心配しなくてもよいのかを判断する必要があります。
- 判断のポイントは，子どもに「積極的な聞き取り」をすることです。「息苦しくはない？」「どこかかゆくはない？」「フラフラしない？」と，具体的に症状を尋ねましょう。
- 子どもの返事が「Yes」だったりあいまいなときには，「アナフィラキシーが起きている」と判断して，初期の対応を行います。

**NG!**
- 身体の2つ以上の症状を確認しないで，初期対応を行い，結果的に大ごとにしてしまう。
- 「他に悪いところはない？」など，抽象的な質問を繰り返す。
- ハイリスク児に登録されていないので，アナフィラキシーを疑わないで対応する。

- 積極的な問いかけと症状の確認

| 問いかけのことば | 症状が起きている場所 | 自覚症状の確認 | 他覚症状の確認 |
|---|---|---|---|
| お口の中は痛くない？<br>かゆくない？ | 口の中 | 口の中が変，ピリピリする<br>喉が痛い | 唇がはれる |
| おなかは痛くない？ | 腹部 | おなかが痛い<br>吐き気がする | 嘔吐する<br>下痢をする |
| どこか，かゆいところはない？ | 皮膚 | 身体がかゆい | じんましんがでている<br>皮膚が赤くなっている |
| 息苦しくない？ | 呼吸器 | 喉や胸がしめつけられる<br>息がしにくい | 咳をする<br>ゼーゼー・ヒューヒューという |
| ふらふらしない？<br>先生の言っていることが聞こえる？ | 循環器<br>神経系 | ものがぼやけて見える<br>立っているのがつらい | 倒れてしまう<br>けいれんする |

自覚症状は，積極的に聞き取らなければ確認できません

他覚症状は，アナフィラキシー症状を知っておかなければ確認できません

（福田典子）

## MEMO

C. 異変を起こした子どもへの最初の対応

## C. 異変を起こした子どもへの最初の対応

# 3. 体を横にする

> 2・3・4は並行して行うこともあり得ると考えましょう！柔軟な対応が必要です。

### 体位変換に注意して安静に

- ぐったり，意識もうろうの場合
- 吐き気や嘔吐がある場合
- 呼吸が苦しくあおむけになれない場合

ぐったりしている，または意識がもうろうとしている場合は，血圧が低下しているおそれがあります。あおむけに寝かせ足を15〜30cm高くしましょう。

嘔吐したものによる窒息を防ぐために体と顔を横に向けましょう。

吐き気やぐったりはないが，呼吸が苦しい場合は，呼吸を楽にするため上半身を起こし後ろに寄りかからせましょう。

〔宇理須厚雄（監）．ぜん息予防のためのよくわかる食物アレルギー対応ガイドブック2014．独立行政法人環境再生保全機構．2014；15より一部改変〕

**Point** アナフィラキシー症状が出現したら，座らせたり体を横にします。体位変換はゆっくりと行います。

**解説**
- 全身の症状が出現している場合（ぐったり，爪や唇が青白いなど），血圧が低下している可能性があります。体位変換が必要な場合は状態を観察しながら，ゆっくり行います。体を締めつけるベルトはゆるめ，体を冷やさないように気をつけましょう。

**ひと工夫**
- 医療機関に到着するまで，繰り返し症状を観察します。
- 床面に直接寝かせることにためらいがある場合は，あらかじめレジャーシートなど床に敷けるものを教室に常備しておくとよいでしょう。

**NG！**
- 子どもを歩かせて，安静にできる場所に移動させる。
- 子どもを椅子に座らせたまま観察する。
- 子どもの姿勢を急に変えさせる。

（福田典子）

## C. 異変を起こした子どもへの最初の対応

# 4. 応援を呼ぶ

> 2・3・4は並行して行うこともあり得ると考えましょう！ 柔軟な対応が必要です。

（イラスト：「保健室の先生に来てもらって！校長先生にもね！」）

**Point**
- 養護教諭を呼びましょう。
- できるだけ多くの先生に来てもらいましょう。
- 先生を呼びに行く役割は，近くにいる子どもに頼みましょう。
- アナフィラキシーを起こしている子どものそばを離れてはいけません。

**解説**
- アナフィラキシーに対応するためには，多くの先生の助けが必要です。
- まず，養護教諭に来てもらいます。
- 隣の教室の先生など近くにいる先生や，学校長，教頭など管理職の先生にも集まってもらいます。
- アナフィラキシーを起こしている子どもから目を離さないようにするために，近くにいる子どもに先生を呼びに行ってもらいましょう。

**NG!**
- 子どものそばを離れて応援の先生を呼びに行く。
- 子どもを歩かせたり，おんぶや抱っこをして保健室に運ぶ。

（木村彰宏）

## D. 手あてをする・救急車を呼ぶ・保護者へ連絡する

# 1. 養護の先生の出番です

> 1～9は並行して行うこともあり得ると考えましょう！柔軟な対応が必要です。

### アナフィラキシーの確認をする

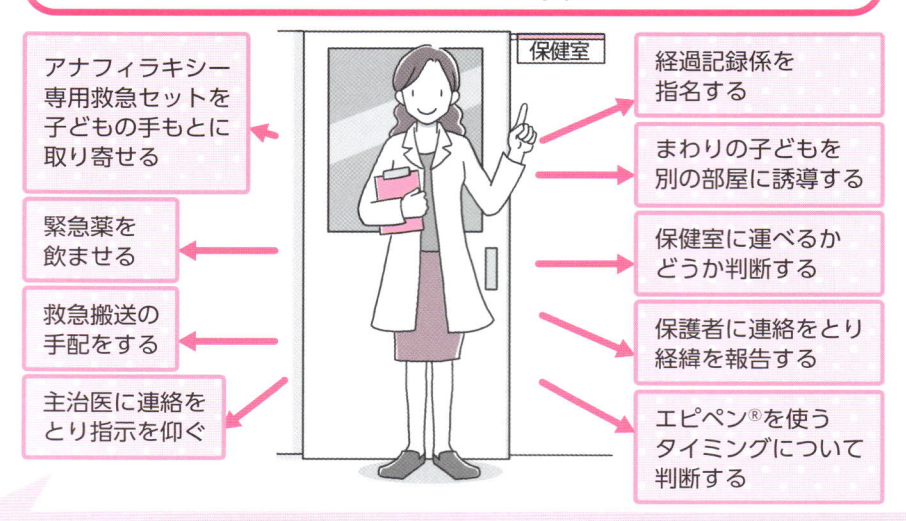

- アナフィラキシー専用救急セットを子どもの手もとに取り寄せる
- 緊急薬を飲ませる
- 救急搬送の手配をする
- 主治医に連絡をとり指示を仰ぐ

保健室

- 経過記録係を指名する
- まわりの子どもを別の部屋に誘導する
- 保健室に運べるかどうか判断する
- 保護者に連絡をとり経緯を報告する
- エピペン®を使うタイミングについて判断する

**Point** アナフィラキシーと認識したら，養護教諭が指示を出して観察，治療を開始します。
- アナフィラキシー専用救急セットを子どもの手もとに取り寄せます（p.15参照）。
- 記録係を指名します。
- 主治医に連絡をとり，指示を仰ぎます。
- 緊急薬を飲ませる準備をします。
- まわりの子どもを別の部屋に移動させます。
- 保健室に移動させるか，その場で観察するかを判断します。
- 緊急搬送の手配をします。
- 保護者に連絡します。
- エピペン®の準備をし，使用のタイミングについて判断します。

**解説**
- アナフィラキシーの対応はすべての事柄を同時進行で行う必要があります。
- 医学的知識を有する養護教諭が中心となって行動します。養護教諭が各先生方に指示をだして連携しながら対応します。養護教諭はこれらすべての行動の進捗状況を常に監視します。学校では十分な医療行為が行えないので，速やかに処置可能な医療機関に搬送することを考えて行動します。養護教諭が不在のときは，学校長，教頭がリーダー役です。

**NG！**
- 子どもの状態観察に集中しすぎて，初期対応が遅れてしまう。
- 救急対応に集中しすぎて，主治医との連絡や緊急搬送が遅れてしまう。

（小島崇嗣）

## D. 手あてをする・救急車を呼ぶ・保護者へ連絡する

## 2. アナフィラキシー専用救急セットを子どもの手もとに取り寄せましょう

> 1～9は並行して行うこともあり得ると考えましょう！柔軟な対応が必要です。

### アナフィラキシー専用救急セットを子どもの手もとに取り寄せる

アナフィラキシー専用救急セット
- エピペン®・エピペン®使用手順書
- 緊急薬・紙コップ
- 携帯用酸素
- 初期対応手順書
- 症状チェックシート
- 緊急対応経過記録票
- 救急搬送依頼マニュアル
- 保護者緊急連絡先・保護者緊急連絡マニュアル
- 主治医緊急連絡先
- タオル・ビニール袋・紙コップ
- レジャーシート

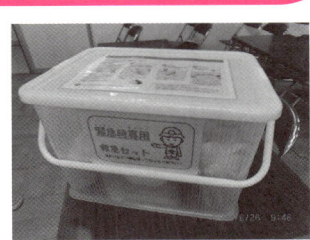

**Point** アナフィラキシー専用救急セットを子どもの手もとに取り寄せましょう。

**解説**
- 緊急時に備えて，「アナフィラキシー専用救急セット」を準備しておきます。
- アナフィラキシー専用救急セットの中身は，学校ごとで工夫されるとよいのですが，以下のものが必須となります。

▶ **エピペン®**
　エピペン®はトレーナーではなく，本物であることを確認しておきます。

▶ **エピペン®使用手順書**
　イラスト入りで一目でわかるものがよい。

▶ **緊急薬・紙コップ**
　処方されている場合，飲ませる際に用いる紙コップとセットで用意しておく。

▶ **携帯用酸素**
　使用期限を確かめておく。

▶ **初期対応手順書**（図 参照）
　初期対応がもれなく行われているかを確認するために，チェック式になっているものがよい。

- **症状チェックシート**(p.4, 25, 26 参照)
  エピペン®を使用するタイミング，アナフィラキシーかどうかを区別するための図表がわかりやすく記載されているものがよい。
- **緊急対応経過記録票**(p.18 参照)
  経過記録係が記入しやすいものがよい。症状が列記されていて○で囲むだけで済むようなもの。
- **救急搬送依頼マニュアル（「救急車の呼び方」シート）**(p.23 参照)
  救急依頼の仕方，救急車の誘導の仕方などがわかりやすく記載されているものがよい。
- **保護者緊急連絡先・保護者緊急連絡マニュアル**
  複数の連絡先が記載されていることが望ましい。
- **主治医緊急連絡先**
  24時間連絡が可能なホットライン，もしくは電話がつながる曜日，時間帯を確認して記載しておく。
- **タオル・ビニール袋・紙コップ**
  嘔吐したときに備えて準備しておく。
- **レジャーシート**
  濡れた床面に寝かせるときに備えて準備しておく。

・学校に複数のアナフィラキシーがある子どもが在籍している場合には，個人ごとのアナフィラキシー専用救急セットが必要です。緊急時に間違わないように，BOXの外側から見える場所に名前を大きく明記しておきます。
・アナフィラキシー専用救急セットは，保健室に保管しておきますが，養護教諭が不在のときを考えて，全教職員が保管場所を確認しておきます。

**NG!**
・必要な物品が整理されておらず，緊急時に必要な物が見つからない。
・養護教諭が不在で，緊急セットがどこにあるのかわからない。

---

□ アナフィラキシー専用救急セットを子どもの手もとに取り寄せます。
□ 記録係を指名します。
□ 主治医に連絡をとり，指示を仰ぎます。
□ 緊急薬を飲ませる準備をします。
□ まわりの子どもを別の部屋に移動させます。
□ 保健室に移動させるか，その場で観察するか，を判断します。
□ 緊急搬送の手配をします。
□ 保護者に連絡します。
□ エピペン®の準備をし，使用のタイミングについて判断します。

**図** 初期対応手順書

（佐藤仁美）

D. 手あてをする・救急車を呼ぶ・保護者へ連絡する

# 3. 記録をとる

1〜9は並行して行うこともあり得ると考えましょう！柔軟な対応が必要です。

アナフィラキシーの確認をする → 経過記録係を指名する

緊急対応経過記録票を用いて
- 子どもの症状
- 施した手あて
- 救急隊や保護者への連絡

などを経時的に記録する。

**Point** 刻々と変化する症状をチェックするための緊急対応経過記録票（ 表 ）を準備しておきます。

**解説**
- 症状が出現してから救急搬送までの出来事の記録は医療機関での治療の参考となります。子どもの症状や状態の変化は3〜5分ごとに記録します。投薬やエピペン®の使用などの処置は時間も必ず記録します。救急搬送の依頼，主治医への連絡，保護者への連絡も時間とともに記録します。
- 使用する緊急対応経過記録票はあらかじめ準備しておきます。

**NG!**
- 各種の連絡や手あてに集中して記録を残すことを忘れてしまう。
- 子どもの症状の変化に記載もれが生じてしまう。
- 目立つ症状だけを記録し，全般的な観察がもれてしまう。

## 表　緊急対応経過記録票

### 緊急対応経過記録票

記載者名（　　　　　　　　　　　　）

| 1 | 食べた（誤食）時刻 | 平成　　年　　月　　日　　時　　分 |||
|---|---|---|---|---|
| 2 | 食べたもの<br>（皮膚につく，眼に入る等も含む） ||||
| 3 | 食べた量 ||||
| 4 | 時　分 | 処置 | 処置 | □口の中のものを取り除く　□うがいをする　□手を洗う　□眼や顔を洗う<br>□その場で安静にさせる　□保健室へ搬送 |
|  | 時　分 |  | 薬の使用 | 薬（　　　　　　　　　　　　）を内服・吸入 |
|  | 時　分 |  |  | 薬（　　　　　　　　　　　　）を内服・吸入 |
|  | 時　分 |  | エピペン®<br>□あり　□なし | エピペン®ありの場合　□エピペン®使用に備え取りだした　□本人に持たせた |
|  | 時　分 |  |  | エピペン®を注射した場合<br>□本人が注射した　　□本人以外（　　　　　　　）が注射した |
| 5 | 時　分 | 保護者へ連絡 || 内容（　　　　　　　　　　　　　　　　　　　　　　） |
| 6 | 時　分 | 主治医等へ連絡 || 内容（　　　　　　　　　　　　　　　　　　　　　　） |
| 7 | 時　分 | 救急車要請 || 時　分　救急車到着 |
| 8 | 時　分 | 救急車発車 || 搬送先医療機関（　　　　　　　　　　　　　　　　　　） |

確認された症状について

| | 時間 | 症状（該当症状に，出現○・消失×）　赤字は重症（エピペン®適用） |||| その他の症状 | 使用薬・血圧 |
|---|---|---|---|---|---|---|---|
| | | 皮膚粘膜症状 | 消化器症状 | 呼吸器症状 | 全身状態 | | |
| 9 | 時　分 | ・じんましん，発赤（一部，全身）<br>・かゆみ（軽い，強い）<br>・目，唇の腫れ | ・口腔内の違和感，かゆみ<br>・腹痛（軽度，激しい）<br>・吐き気<br>・嘔吐または下痢（1回，2回以上） | ・咳（軽い，頻回）<br>・喉が締めつけられる<br>・声がれ<br>・鼻水<br>・息苦しい<br>・ゼーゼー | ・やや元気がない<br>・ぐったり<br>・唇や爪が青白い<br>・意識障害<br>・失禁<br>・脈が触れにくい | | |
| | 時　分 | ・じんましん，発赤（一部，全身）<br>・かゆみ（軽い，強い）<br>・目，唇の腫れ | ・口腔内の違和感，かゆみ<br>・腹痛（軽度，激しい）<br>・吐き気<br>・嘔吐または下痢（1回，2回以上） | ・咳（軽い，頻回）<br>・喉が締めつけられる<br>・声がれ<br>・鼻水<br>・息苦しい<br>・ゼーゼー | ・やや元気がない<br>・ぐったり<br>・唇や爪が青白い<br>・意識障害<br>・失禁<br>・脈が触れにくい | | |
| | 時　分 | ・じんましん，発赤（一部，全身）<br>・かゆみ（軽い，強い）<br>・目，唇の腫れ | ・口腔内の違和感，かゆみ<br>・腹痛（軽度，激しい）<br>・吐き気<br>・嘔吐または下痢（1回，2回以上） | ・咳（軽い，頻回）<br>・喉が締めつけられる<br>・声がれ<br>・鼻水<br>・息苦しい<br>・ゼーゼー | ・やや元気がない<br>・ぐったり<br>・唇や爪が青白い<br>・意識障害<br>・失禁<br>・脈が触れにくい | | |
| | 時　分 | ・じんましん，発赤（一部，全身）<br>・かゆみ（軽い，強い）<br>・目，唇の腫れ | ・口腔内の違和感，かゆみ<br>・腹痛（軽度，激しい）<br>・吐き気<br>・嘔吐または下痢（1回，2回以上） | ・咳（軽い，頻回）<br>・喉が締めつけられる<br>・声がれ<br>・鼻水<br>・息苦しい<br>・ゼーゼー | ・やや元気がない<br>・ぐったり<br>・唇や爪が青白い<br>・意識障害<br>・失禁<br>・脈が触れにくい | | |
| | 時　分 | ・じんましん，発赤（一部，全身）<br>・かゆみ（軽い，強い）<br>・目，唇の腫れ | ・口腔内の違和感，かゆみ<br>・腹痛（軽度，激しい）<br>・吐き気<br>・嘔吐または下痢（1回，2回以上） | ・咳（軽い，頻回）<br>・喉が締めつけられる<br>・声がれ<br>・鼻水<br>・息苦しい<br>・ゼーゼー | ・やや元気がない<br>・ぐったり<br>・唇や爪が青白い<br>・意識障害<br>・失禁<br>・脈が触れにくい | | |
| | 時　分 | | | | | | |
| | 時　分 | | | | | | |
| | 時　分 | | | | | | |
| | 時　分 | | | | | | |
| | 時　分 | | | | | | |
| | 時　分 | | | | | | |
| | 時　分 | | | | | | |
| 10 | その他 |||||||

〔姫路市教育委員会．姫路市食物アレルギー対応マニュアル（第1版改訂）．平成25年3月より改変〕
〔http://www.city.himeji.lg.jp/〕

（小島崇嗣）

D. 手あてをする・救急車を呼ぶ・保護者へ連絡する

# 4. 主治医に連絡する

1〜9は並行して行うこともあり得ると考えましょう！柔軟な対応が必要です。

アナフィラキシーの確認をする → 主治医に連絡をとり，指示を仰ぐ

- 的確に状況を伝え，判断を仰ぐ。
- 緊急連絡先を確認しておく。
- 保護者を介して定期的に相談しておく。

**Point**
- 主治医とのホットラインを大切にしましょう。
- 小さな心配ごとでも主治医に連絡して指示を仰ぐようにしましょう。

**解説**
- 救急搬送やエピペン®を使用するタイミングなど現場で躊躇しやすい事柄について，積極的に主治医と相談することで，より的確な判断が可能となるでしょう。この場合，子どもの状態が悪化する前に主治医に連絡して指示を仰ぐことが重要です。
- 主治医とは保護者を介して定期的に連絡をとって相談するようにしましょう。
- いざというときのために緊急電話番号を聞いておきましょう。

**NG！**
- 子どもの主治医を把握できていない。
- 主治医への連絡方法がすぐにわからない。
- 急なときだけ突然相談することになり，うまく指示を仰げない。

（小島崇嗣）

D. 手あてをする・救急車を呼ぶ・保護者へ連絡する

# 5. 緊急薬を服用する

1〜9は並行して行うこともあり得ると考えましょう！柔軟な対応が必要です。

アナフィラキシーの確認をする → 緊急薬を服用させる

- 緊急薬を子どもの手元に取り寄せる。
- コップに水を汲んでくる。
- 薬を飲む手助けをする。

**Point** アナフィラキシーを少しでも疑えば緊急薬を飲ませましょう。

**解説**
・緊急薬を子どもの手もとに取り寄せて服薬を手助けします。
・緊急薬としては，
　①抗ヒスタミン薬（症状を起こしているヒスタミンを中和する薬）
　②ステロイド薬（アレルギー反応の進行を止め，数時間後に症状が再発することを防ぐ薬）
　③気管支拡張薬（気管支を広げて呼吸を楽にする薬）
がありますが，連続して投与するわけではないので有害事象の心配はありません。
・これらの薬はアレルギーの早い段階で服用すると効果があります。服薬後5〜15分で効果がでてきます。
・有害事象の心配はないので，アナフィラキシーを疑えばためらわずに服用させてください。

**NG!**
・緊急時に服用させる薬を学校が預かっていない。
・保護者に連絡をしたあと保護者が来校するのを待ち，保護者が来校してから保護者に薬を服用させる。
・保護者と緊急薬を服用させるタイミングについて打ち合わせをしていない。

（小島崇嗣）

D. 手あてをする・救急車を呼ぶ・保護者へ連絡する

# 6. まわりの子どもを移動させる

1〜9は並行して行うこともあり得ると考えましょう！柔軟な対応が必要です。

アナフィラキシーの確認をする → まわりの子どもを別の部屋に誘導する

- 大声をあげて誘導しない。
- 安心させながら別の部屋に移動させる。

**Point** アナフィラキシーを起こした子どもの状態や対応している状況を見せると強い心の傷を与えてしまう危険性があります。

**解説**
- 少し前までは元気にしていたお友だちが急に状態が悪くなるということは子どもには理解できません。
- 先生方が大慌てで子どものまわりに集まっていろんな処置を始めます。
- 子どもたちにとっては驚きと恐怖が重なって大きな心の傷をつくってしまう心配があります。
- リーダーである養護教諭は速やかにまわりの子どもたちを別の部屋に連れて行くように指示します。
- 落ち着いて，安心させながら子どもたちを誘導することが大切です。

**NG!**
- 叱ったり大声で子どもを追いやってしまう。
- まわりの子どもが心配する声に反応して，先生が冷静さを欠いてしまう。

（小島崇嗣）

## D. 手あてをする・救急車を呼ぶ・保護者へ連絡する

# 7. 子どもを運ぶ

1～9は並行して行うこともあり得ると考えましょう！柔軟な対応が必要です。

アナフィラキシーの確認をする → 保健室に運べるかどうか判断する

▶ **運べると判断したとき**
- 水平抱きにして移動させるか，担架を使い移動させる。

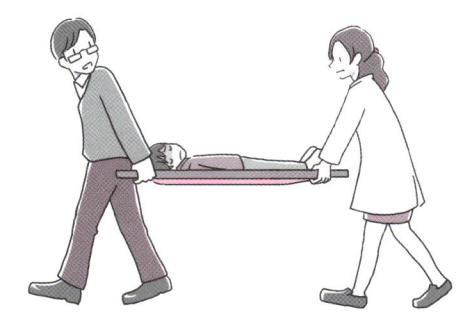

▶ **運べないと判断したとき**
- まわりの子どもを他の場所に誘導する（p.21 参照）。

**Point** 子どもの状態を観察して，まだ保健室に運ぶ時間的余裕があると判断すれば，
- 水平抱きにして移動します。
- 担架を使って移動します。

**解説**
- 保健室に移動する際には，子どもを水平にしながら運ぶことが必要です。
- 頭を上げると重力の関係で血液は下半身に溜まりやすくなるので，血液が脳や心臓に届きにくくなります。
- 移動時に子どもを揺らすと嘔吐しやすくなります。

**NG！**
- 子どもを歩かせて保健室に連れて行く。
- 子どもを「抱っこ」や「おんぶ」をして保健室に連れて行く。
- 担架がどこに収納されているのか，教職員の間で周知されていない。
- 担架の組み立て方がわからない。
- 担架で移動させることに慣れていない。

（小島崇嗣）

## D. 手あてをする・救急車を呼ぶ・保護者へ連絡する

# 8. 救急車を呼んで迎える

> 1〜9は並行して行うこともあり得ると考えましょう！柔軟な対応が必要です。

アナフィラキシーの確認をする → 救急搬送の手配をする

### 救急車の呼び方

① 119を押す

② 119番「火事ですか？ 救急ですか？」
　　先生「救急です」
　　119番「どうされましたか？」
　　先生「○○小学校です。児童にアナフィラキシーがでています。エピペン®を処方されています。搬送をお願いします」

③ 学校の名前, 住所, 電話番号を伝える
　　学校名　（　　　　　　　　　）
　　住　所　（　　　　　　　　　）
　　電話番号　（　　　　　　　　）

④ 目印になるものを伝えます
　　　　　　（　　　　　　　　　）

⑤ 門まで誘導に行くことを伝えます

- 連絡要員を決めておく。
- 的確に搬送依頼を行う。
  - 発生場所を伝える
  - アナフィラキシーが起きていると伝える
  - 緊急性を伝える
- 救急車の誘導を行う。

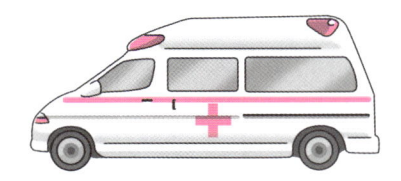

**Point**
- 救急搬送を依頼する際には, あらかじめ決めておいた連絡要員が, アナフィラキシーの発生とその緊急性, 発生場所などを的確に伝えます。
- 緊急搬送を依頼したら救急車を校門まで誘導します。

**解説**
- あらかじめ救急依頼のための連絡要員を決めておくことが必要です。
- 緊急性が高いことを的確に伝えないと救急車は出動してくれません。
- アナフィラキシーの発生とその緊急性を的確に連絡することが必要です。
- あらかじめ緊急搬送依頼マニュアルを作成し, アナフィラキシー専用救急セットの中や電話機のそばに用意しておくことが大切です（「救急車の呼び方」参照）。
- 救急搬送を依頼したら救急車の誘導を行うために要員を校門に待機させます。

**NG!**
- 症状名を連ねてしまい「アナフィラキシーが起きています」の一声を忘れてしまう。
- 保護者が来校するのを待ってから保護者に連絡させる。
- 自家用車を使って医療機関へ運ぶ。

（小島崇嗣）

### D. 手あてをする・救急車を呼ぶ・保護者へ連絡する

# 9. 保護者へ連絡する

> 1〜9は並行して行うこともあり得ると考えましょう！柔軟な対応が必要です。

アナフィラキシーの確認をする → 保護者に連絡する

**保護者への連絡の仕方**

①保護者の連絡先に電話する

②先生　「○○さんのお宅ですか？」
　保護者「はい，○○です」
　先生　「△△小学校ですが，○○さんにアナフィラキシーがでています。今から，病院に搬送します。おかあさんは，学校まで来ていただけますか」

- 連絡係を決めておく。
- 冷静に状況を伝える。
   - アナフィラキシーが起きたことを伝える
   - 救急搬送することを伝える
- 来校の依頼をする。

**Point**　養護教諭の指示を受けた先生は，簡潔で解りやすく保護者へ連絡する。

**解説**
- あらかじめ保護者と緊急時の連絡先を確認しておく。
- 緊急時には要点のみを手短に連絡する。
- 保護者には学校に来てもらうよう要請するが，保護者の来校前に救急隊が病院に搬送する場合があることをあらかじめ説明しておく。
- 保護者への連絡の仕方は教職員研修のときに職員全員で確認しておく。

**NG!**
- 長々と電話で説明してしまう。
- 保護者と連絡をとることができない。
- 心配感が伝わりすぎて，保護者を混乱させてしまう。

（小島崇嗣）

E. 正しくエピペン®を使用する

# 1. エピペン®の適応を確認しましょう

## 下記の症状を認めたらエピペン®を使用します

発見時に下記の症状が1つでも認められた場合エピペン®を使用します。

| 消化器の症状 | ・繰り返し吐き続ける | ・持続する強い（我慢できない）おなかの痛み | |
|---|---|---|---|
| 呼吸器の症状 | ・喉や胸がしめつけられる<br>・持続する強い咳込み | ・声がかすれる<br>・ゼーゼーする呼吸 | ・犬が吠えるような咳<br>・息がしにくい |
| 全身の症状 | ・唇や爪が青白い<br>・意識がもうろうとしている | ・脈を触れにくい・不規則<br>・ぐったりしている | ・尿や便を漏らす |

〔日本小児アレルギー学会アナフィラキシー対応ワーキンググループ．一般向けエピペン®の適応．日本小児アレルギー学会，2013〕
〔http://www.jspaci.jp/modules/membership/index.php?page=article&storyid=63〕

**解説**
ショック症状が把握される道筋には，2つの場合があります。
▶ **アナフィラキシーの経過観察中に，重症化する場合**
子どもが体の異変を感じて先生に伝えたあと，緊急薬を服薬し，救急搬送を待っている間に症状が進行し，ショック症状が現れ始める場合。
▶ **子どもの異変を先生が把握したときに，すでにショック症状がみられた場合**

・いずれの場合にも，ためらわないで，すぐにエピペン®を使うタイミングです。「エピペン®を使います」と周囲に宣言し，使いましょう。
・エピペン®は教職員であれば誰でも使えるように準備をしておくことが大切ですが，まずは，養護教諭，次に学校長，教頭などの管理職の先生が率先して使います。

**NG!**
・ショック症状が現れているのに，エピペン®を使わずに保護者の来校や，保護者の連絡を待つ。
・救急搬送を依頼したので，ショック症状が現れている場合でも，エピペン®を使わずに救急車を待つ。
・誰がエピペン®を使うのかとためらっている間に時間が経ってしまう。

## 症状チェックシート

症状は急速に進むことがあるので、3～5分ごとに症状のチェックをします。
グレード3：重症（アナフィラキシーショック）の症状が1つでも認められたら、ためらわないでエピペン®を使用します。

### ●臨床所見による重症度分類

| | | グレード1（軽症） | グレード2（中等症） | グレード3（重症） |
|---|---|---|---|---|
| 皮膚・粘膜症状 | 紅斑・蕁麻疹・膨疹 | 部分的 | 全身性 | ← |
| | 瘙痒 | 軽い瘙痒（自制内） | 強い瘙痒（自制外） | ← |
| | 口唇，眼瞼腫脹 | 部分的 | 顔全体の腫れ | ← |
| 消化器症状 | 口腔内，咽頭違和感 | 口，のどのかゆみ，違和感 | 咽頭痛 | ← |
| | 腹痛 | 弱い腹痛 | 強い腹痛（自制内） | 持続する強い腹痛（自制外） |
| | 嘔吐・下痢 | 嘔気，単回の嘔吐・下痢 | 複数回の嘔吐・下痢 | 繰り返す嘔吐・便失禁 |
| 呼吸器症状 | 咳嗽，鼻汁，鼻閉，くしゃみ | 間欠的な咳嗽，鼻汁，鼻閉，くしゃみ | 断続的な咳嗽 | 持続する強い咳込み，犬吠様咳嗽 |
| | 喘鳴，呼吸困難 | ― | 聴診上の喘鳴，軽い息苦しさ | 明らかな喘鳴，呼吸困難，チアノーゼ，呼吸停止，$SpO_2 ≦ 92\%$，締めつけられる感覚，嗄声，嚥下困難 |
| 循環器症状 | 脈拍，血圧 | ― | 頻脈（＋15回/分），血圧軽度低下，蒼白 | 不整脈，血圧低下，重度徐脈，心停止 |
| 神経症状 | 意識状態 | 元気がない | 眠気，軽度頭痛，恐怖感 | ぐったり，不穏，失禁，意識消失 |

血圧低下　　：1歳未満＜70mmHg，1～10歳＜[70mmHg＋(2×年齢)]，11歳～成人＜90mmHg
血圧軽度低下：1歳未満＜80mmHg，1～10歳＜[80mmHg＋(2×年齢)]，11歳～成人＜100mmHg

〔柳田紀之，他．携帯用患者家族向けアレルギー症状の重症度評価と対応マニュアルの作成および評価．日本小児アレルギー学会誌 2014；28(2)：201-210〕

（佐藤仁美）

E. 正しくエピペン®を使用する

# 2. 手順に従ってエピペン®を使用しましょう

## STEP1　準備

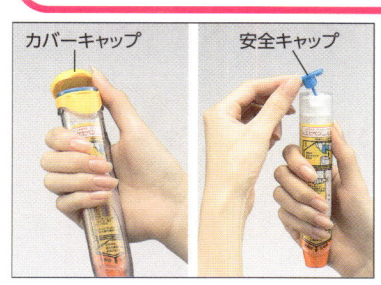

カバーキャップ　安全キャップ

オレンジ色のニードルカバーを下に向けてエピペン®のまん中を片手でしっかりと握り，もう片方の手で青色の安全キャップを外します注。

注：絶対に指または手などをオレンジ色のニードルカバーの先端に当てないように注意してください。

▶トレーナーではなく本物であることを確認する
ラベル、ニードルカバーの違いを確認しましょう。

＜本物＞
＜トレーナー＞

## STEP2　注射

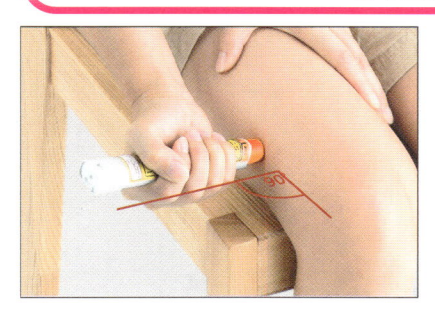

エピペン®を太ももの前外側に垂直になるようにし，オレンジ色のニードルカバーの先端を「カチッ」と音がするまで強く押しつけます。太ももに押しつけたまま数秒間待ちます。

・太ももにエピペン®を振りおろしたり，打ちつけて使用しないでください。

▶介助者がいる場合

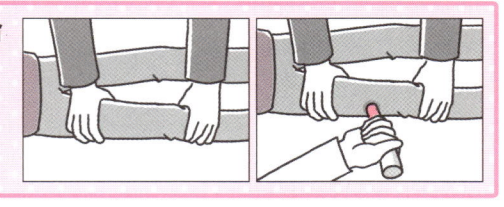

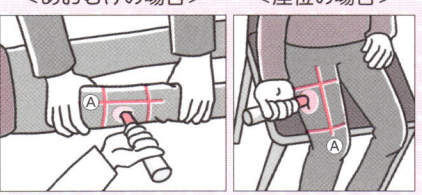

＜あおむけの場合＞　＜座位の場合＞

▶注射する部位
・衣類の上から，使用することができる。
・太ももの外側の筋肉に注射する（真ん中（Ⓐ）よりも外側で，かつ太ももの付け根と膝の間の部分）。

## STEP3　確認

注射後、オレンジ色のニードルカバーが伸びたことを確認します。

オレンジ色のニードルカバー
使用前
伸びた状態
使用後

▶ **誤注射を避けるための正しい持ち方**
- オレンジ色のニードルカバーの先端に指などを押しあてると、針が出て危険です。絶対に行わないでください。
- 危険ですので絶対に分解しないでください。

正しい持ち方　　誤った持ち方

写真提供／ファイザー(株)

**Point**

エピペン®は、「打ちつける」のではありません。大腿外側に「ゆっくり押しあて」、次に「強く押しつけ」ます。子どもがしっかりと固定されていて、周囲の安全が確認されてから使います。

- **エピペン®を使用する前の安全確認**
①子どもが動かないようにしっかりと固定する
②エピペン®を押しつける部位を確認する
③衣類のポケットの中に、ものが入っていないことを確認する
④周囲の人にエピペン®があたらないか確認する

- **エピペン®の使用手順**
①まず、ケースから取りだす
②エピペン®がトレーナーではなく本物であることを確認する
③水色のキャップを取り外す
④オレンジ色の部分を先端にして、握るようにしっかりと持つ
⑤その際、指を立てて持たないようにする
⑥子どもの大腿の外側に「ゆっくり押しあてる」
⑦押しあてた状態から、「強く押しつける」
⑧押しつけた状態を、4～5秒間保持する

**解説**
・エピペン®は、大腿外側に強く押しつけるだけで作動するように設計されています。打ちつけるのではなく、押しあてるようにして使います。いつでも誰でも使えるように、付属のトレーナーを使って、使用手順を練習しておきましょう。

**NG!**
・ケースから取りだすときに、落としてしまう。
・腕を振り下ろして、打ちつけてしまう。

28　1章　学校で食物アナフィラキシーが起こったら　さあどうする？どう対応する？

- 本物とトレーナーとを間違って使ってしまう。
- 衣類のポケットの中に入っていたものに針が刺さり，注射液が子どもの体に入らない．

（佐藤仁美）

## エピペン®の効果と有害事象

## エピペン®の効果

エピペン®はアナフィラキシーのすべての症状を和らげます。具体的には，以下の作用があります。
- 心臓の動きを強くして血管を収縮して血圧を上げます。
- 皮膚の赤み（紅斑）や喉の腫れ（喉頭浮腫）を軽減します。
- 気管支を広げて呼吸困難を軽減します。

これらの効果は5分以内に認められ即効性があります。効果の持続時間は約20分程度です。使用後には必ず救急車で医療機関を受診する必要があります。

## エピペン®の有害事象

エピペン®使用に伴う有害事象には，薬剤（アドレナリン）そのものの作用によるものと，針による外傷に分けることができます。

薬剤による有害事象として，血圧の上昇や心悸亢進，頻脈，動悸などの循環器の症状，手足のしびれや吐き気などの神経の症状が見られることがあります。

針による外傷として，投与部位の出血や痛みが見られることがあります。

いずれの有害事象も，手あてを必要とする程度ではなく，すぐに回復します。

誤って手や指に投与した場合には，医師に相談しましょう。

局所の痛みや冷感，蒼白など局所の虚血症状が現れることがありますが，永続的な障害の報告はありません[1]。

文献
1) Velissariou I, et al.: Management of adrenaline (epinephrine) induced digital ischaemia in children after accidental injection from an EpiPen. Emerg Med J 2004; 21: 387-388

（笹井みさ，笠原道雄）

# 2 章

学校職員による
## アナフィラキシー対策 トレーニング方法

# 1. 食物アレルギー対応委員会の役割

> **Point**
> - 食物アレルギーがある子どもの在校の有無にかかわらず，基本的な食物アレルギー対応計画の策定が必要です。
> - 食物アレルギーがある子どもが在籍している場合には，学校長を長とする学内の食物アレルギー対応委員会を設置し，子どもの食物アレルギーに対応した食物アレルギー児の個別対応計画を策定します。
> 食物アレルギー対応委員会の設置にあたっては，保護者と教育関係者（担任教諭，学年主任，栄養教諭，調理師，養護教諭，学校医，学校長・教頭，教育委員会）を構成員とします。
> - 地域を包括する食物アレルギー対応委員会は，エピペン®の地域研修会や地域ガイドラインの作成など必要に応じて開催します。構成員として食物アレルギーがある子ども，保護者，教育関係者に加えて，医療関係者（主治医，食物アレルギー専門医，救急医・救急医療機関，救急隊・消防局）など，地域の多くの方々にお願いします。
> - 学内での誤食事故を防ぐとともに，万が一，アナフィラキシー症状が出現したときには速やかに発見し，初期の対応において，エピペン®の使用などの救命処置を適切に施し，医療機関につなげられるように，ロールプレイング実習を基本に，教職員全員の研修を積んでおく必要があります。教職員1人ひとりが，日々，食物アレルギーがある子どもと接する者として，食物アレルギーを意識し，各々の役割を認識するとともに，万が一，アナフィラキシー症状が起きたときには「第一発見者」として対応する心づもりをしておくことが重要です。

## a. 食物アレルギー対応委員会の設置と開催

- 食物アレルギー対応委員会には，①アナフィラキシーの発症予防対策，②アナフィラキシー発症時の早期発見，早期対応（地域救急連携を含む），③児童，保護者へのアナフィラキシーの啓蒙活動，受容促進（食育を含む），④食物アレルギーがある子ども，クラスメートへの配慮，⑤全教職員への研修，検討事項の浸透が求められます。

## b. 学校長，教頭などの管理教職員の役割

- 食物アレルギーがある子どもの情報を保護者から他職種とともに収集します。
- 在校中の食物アレルギーがある子ども全員を把握します。
- 新入生の入学までの相談窓口となります。
- 食物アレルギーがある子どもの保護者との個別面談に同席し，学校の総意としてアナフィラキシーの発症予防，給食提供，救急対応などについての実行可能な対応策を説明します。
- 食物アレルギー対応委員会を設置，開催します。
- 必要な設備の改善，人員配置を教育委員会に要請します。
- 主治医・学校医，食物アレルギー専門医，救急医・救急医療機関，救急隊・消防局など地域医療関係者との連携強化に努めます。顔見知りになることが重要です。
- アナフィラキシー発症時には陣頭指揮にあたります。

## c. 学年主任の役割

- 担任教諭と連携し，学年会を通じてクラスを越えて学年全体で食物アレルギーがある子どもへの理解，対応が進むように児童，教職員を指導します。次年度のクラス編成替えなどを考えるうえで，この取り組みは有用です。
- クラス決めや各分野の教科の担当決め，教材選び，カリキュラムの年間計画作成などにおいて，食物アレルギーに配慮します。
- 学年の担任として，学年の食物アレルギーがある子ども全員にかかわります。

## d. 担任教諭の役割

- 個別面談に同席し，食物アレルギーがある子どもの情報収集，保護者の要望・意向の把握に努めます。保護者の訴えに耳を傾ける姿勢が大切です。
- 子どもと日々のかかわりのなかで信頼関係を築き，食物アレルギーがある子どもが訴えを伝えやすい雰囲気をつくります。
- 食物アレルギーがある子どもの食物アレルギーへの理解度の把握に努めるとともに，保護者へ情報のフィードバックを行います。
- クラスメートに対し，健康，食育，人権などの視点から，食物アレルギーへの理解を促します。
- 原因食物との接触を避けるために，座席の配置や配膳ルート，給食当番，牛乳パックの回収作業，清掃係，工作，理科実験，家庭科実習，校外学習などの場面で，必要な配慮を行います。
- 毎日の給食献立，アレルギー対応献立を把握し，持参弁当に気を配りながら，給食摂取時の最終チェック者として機能するようにします。
- 食物アレルギーがある子どもの様子に注意し，異変に早めに気づき，声をかけられるようにします。アナフィラキシーの発症を疑った場合には，アナフィラキシー症状について積極的な聞き取りを行います。

## e. 養護教諭の役割

- 個別面談に同席し，医学的な問題を中心にアレルギーがある子どもの情報収集を行います。
- 主治医・学校医，食物アレルギー専門医と連携し，食物アレルギーがある子どもの重症度，緊急対応度などを判断し，他職種と協議して対応策を立案します。
- 在校中の食物アレルギーがある子ども全員を把握します。
- 食物アレルギーがある子どもとの日々のつながりに留意し，心理的な側面のフォローにも気を配り，一般教諭とは異なる雰囲気を活かした受け皿となるように努めます。
- 全児童に向けて，食育，健康，疾患管理の観点から食物アレルギーに関する教育・啓蒙活動を提起します。
- 緊急内服薬やエピペン®の管理方法の検討を行い，急変時の医学的処置，救急搬送の判断などを担います。
- 食物アレルギーに関する医学的進歩に目を向けながら，危機意識が継続しうるように全教職員に対して，ロールプレイングを含めた定期的な研修を企画運営します。

## f. 栄養教諭・栄養職員の役割

- 献立作成にあたっては，おもな原因食物をできる限り使わないでつくるユニバーサル献立を目指します。
- 調理員と調理環境の状況を踏まえたうえで，調理工程，調理方法，作業動線などについて打ち合わせ，無理のない範囲での対応を判断します。
- 給食に使う食材の正確なアレルギー情報を保護者に提供します。
- 毎月の献立チェックを栄養学的側面から保護者に助言し，保護者の要望を聞き取ります。
- 広く食物アレルギーにかかわる食育を児童に行います。
- 食物アレルギーがある子どもから，給食内容や給食環境に関する感想や希望を聞き取るようにします。

## g. 給食センター・調理師の役割

- 栄養教諭と密に連携し，食物アレルギーがある子どもへの調理や配膳面での危機意識を持続的にもつようにします。

## h. 主治医・学校医，食物アレルギー専門医の役割

- 食物アレルギーがある子どもの原因食物，摂取の許容範囲，発症時の初期症状，重症度などを把握し，アナフィラキシー発症の予防策，発症時の対応策を具体的に提示します。
- アナフィラキシーが発症したときには，対応についての助言や指導を行い，救急時の対応にあたります。

## i. 教育委員会の役割

- 定期的に全国のヒヤリ・ハット事例や事故事例を集積し，分析し，管理運営体制をチェックする必要があります。
- 食物アレルギーがある子どもが学ぶ教育環境の改善を図るうえで，施設や設備の改善，改良，人員配置の強化に努めます。
- 学校と密に連絡を取り合い，アナフィラキシーの発症予防，発症後の対応にあたります。
- 学校関係者，給食関係者の食物アレルギーに関する研修機会を保障します。
- 学校現場の決定を尊重し，支援します。

## j. 全職員の役割

- 他職種の役割を理解し，連携して危機管理を行います。

参考文献
- 文部科学省スポーツ・青少年局学校健康教育課(監)．学校のアレルギー疾患に対する取り組みガイドライン．財団法人日本学校保健会，2008．
- 横浜市医師会学校医部会(監)．アレルギー疾患の児童生徒対応マニュアル．横浜市教育委員会，2011．
- 学校給食における食物アレルギー対応の手引き．平成26年9月改訂．札幌市教育委員会，2014．
- 鹿島明子．組織力を活かした学校保健活動．平成22年度兵庫県優秀教職員実践事例集．
- 木村彰宏．学校の先生の役割．兵庫食物アレルギー研究会(編)，小林陽之助，他(監)．食物アレルギー外来診療のポイント63．改訂第2版．診断と治療社，2013．80-83．

（森岡芳雄）

## MEMO

# 2. エピペン®トレーニングと管理方法

**Point**

- エピペン®の第三者使用については，家族，学校関係者，救急救命士が，法的に使用可能です。
- エピペン®使用後には必ず救急車で医療機関を受診しましょう。
- エピペン®はすぐに取りだせる場所に保管しておきましょう。
- 緊急時に正しく使用できるよう，日頃からトレーナーを使って定期的に日時を決めた練習が不可欠です。

## a. エピペン®の構造やしくみ[1]（図）

①エピペン®には，円筒の中にアドレナリンと注射針が内蔵されています。
②バネの力で注射針がでて，アドレナリンの筋肉内投与を行う製剤です。
③1管に2mLのアドレナリンが入っており，そのうち0.15mLあるいは0.3mLが体内に注入されます。

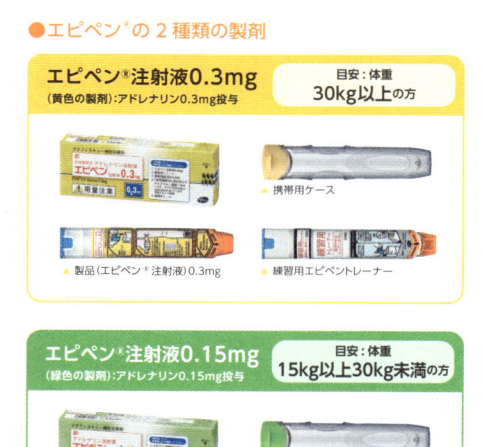

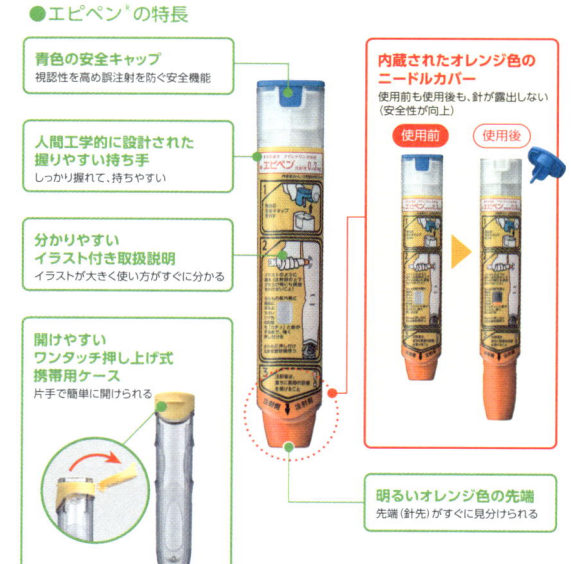

**図** エピペン®の外観

写真提供／ファイザー（株）

④使用後は，注射器の先端部分のオレンジ色のニードルカバーが，露出した注射針を包み込み，使用前後とも針が露出しない設計になっています。
⑤「体重 15kg 以上 30kg 未満用の 0.15mg 製剤」と「体重 30kg 以上用の 0.3mg 製剤」の2 種類の製剤があります。
⑥緊急時は衣服の上からでも使用可能です。
　針の長さは 0.15mg 製剤で約 1.3cm，0.3mg 製剤で約 1.5cm です。
⑦誤注射を防ぐための色分け表示：安全キャップは青色，針側はオレンジ色。
⑧本体のラベル：0.15mg 製剤は緑色，0.3mg 製剤は黄色。

## b. エピペン®に関する法令と注射後の処理

### 1) エピペン®に関する法令

エピペン®の第三者使用については，家族，学校関係者，救急救命士が法的に使用可能です。
①家族については，エピペン®添付文書で「患者，保護者又はそれに代わりえる適切な者」と記載されています。
②学校関係者については，「学校のアレルギー疾患に対する取り組みガイドライン」[2]に，「アナフィラキシーショックで生命が危険な状態にある児童・生徒に対し，救命の現場に居合わせた学校関係者が，エピペン®を自ら注射できない本人に代わって注射することは，反復継続する意図がないと認められるため，医師法第 17 条の違反にはならない」と記載。
同ガイドラインは下記 URL で，電子ブックとして確認することができます。
　　http://www.gakkohoken.jp/book/bo0001.html
同ガイドラインに対する Q & A が 2009 年末にアップデートされ，これも下記 URL から参照することができます。
　　http://www.gakkohoken.jp/modules/pico/index.php?content_id=37
また，医師法以外の刑事・民事の責任についても，人命救助の観点からやむをえず行った行為であると認められる場合には，関係法令の規定（民法第 698 条・刑法第 37 条）により，その責任が問われないとされています。
③救急救命士については，2009 年に処置の対象となる重度傷病者があらかじめ自己注射が可能なエピペン®を交付されていることを条件に，エピペン®の使用が認められました[3]。

### 2) 注射後の処理

エピペン®は，使用済み，または有効期限切れのものは医療機関へ返却してください。家庭ゴミとして廃棄しないでください。

## c. エピペン®の保管場所，保存方法，携帯時の注意点

### 1) 保管場所

①緊急時にすぐに取りだせるところに保管し，鍵をかけないようにしましょう。
②本人のカバンの中，保健室，教室，職員室などの決められた場所に保管し，事前に保管場所を教職員全員が共通理解しておきましょう。
　保健室や教室などで保管する場合には，他の児童生徒がエピペン®に触れないように注意しま

しょう。
③体育や部活動など，子どもが教室から離れて活動する場合は，通常の保管場所でよいのか再検討しておきましょう。子どもの活動場所に持ってくる場合には，遮光ケースなどに入れるなどして直射日光が当たらないように工夫してください。
④校外学習や野外活動など，子どもが野外で移動する活動のときには，ウエストポーチに入れ子どもに携帯させたり，先生が携帯するなどの取り決めをしておきましょう。

## 2)保存方法
① 15～30℃での保存が望ましい(夏場はタオルで包んだ保冷剤とともに保冷バックに入れて携帯するとよい)。冷蔵庫や日光の当たる高温下には放置しないようにしましょう。
②薬液が変色していたり，沈殿物が見つかったりした場合は交換してもらいましょう。

## 3)携帯時の注意点
①プラスチック製品なので，落下破損する可能性があるため注意が必要です。
②光で分解されやすいため，常に携帯用ケースに納められた状態で保管しましょう。

## d. トレーナーを使っての練習

・エピペン®練習用トレーナーを使って講習会などで実際に使用法を確認しましょう。
・トレーナーと本物と間違わないようにラベル，ニードルカバーの違いを確認してください。
・緊急時にあわてないで使用できるように，保護者から付属のトレーナーをお借りして，毎学期のはじめの1週間以内に1度は練習するなど，日時を決めて練習しておきましょう。
・ファイザー株式会社は，エピペン®の講習会の主催者にエピペン®練習用トレーナーを無償で貸与しています。同社URLを参照してください。
　　http://www.epipen.jp/teacher/

文献
1) 海老澤元宏(監). エピペンの使い方かんたんガイドブック. ファイザー, 2014
　　http://www.epipen.jp/teacher/
2) 文部科学省スポーツ・青少年局学校健康教育課(監). 学校のアレルギー疾患に対する取り組みガイドライン. 財団法人日本学校保健会, 2008
　　http://www.gakkohoken.jp/book/bo0001.html
3)「救急救命処置の範囲等について」の一部改正について. 医政指発第0302001号　厚生労働省医政局指導課長通知. 平成21年3月2日

（笹井みさ，笠原道雄）

## 練習用トレーナーと本物の エピペン®との相違点

①大きさや重さ，形状は，練習用と本物とはほとんど同じですが，表面のラベルが異なります。練習にあたっては，練習用と本物とを確認してから行いましょう。

②誤使用を防ぐための水色の安全キャップは，練習用に比べて本物では本体に固くはめ込まれています。本物を使用するときには，少し強い力で安全キャップを外す必要があります。

③大腿外側へ押しつけて使用するときに，練習用に比べて本物では少し軽い力で作動するようにつくられています。反動をつけて打ちつける必要はありません。

④使用後の針刺し事故を防ぐためのオレンジ色のニードルカバーは，練習用と違い本物ではもう1度押し戻せないように設計されています。

⑤エピペン®トレーナーのかたづけ方
・青色の安全キャップの先端を元の場所に押し込んで戻します。
・オレンジ色のニードルカバーの先端を机などの堅い面の上に置きます。オレンジ色のニードルカバーの両面上部を指でおさえながら，トレーナー本体を下に押しつけて収納します。

（木村彰宏）

# 3. ロールプレイングの方法と注意点

> **Point**
> - 職員研修では，ロールプレイングを行うことで，実際には目にしたことがないアナフィラキシーの立ち会い経験を補うことができます。
> - アナフィラキシー症状がでたときの対応を，**症状の発見→初期対応→救急搬送→救命処置**にいたる一連の流れで再現します。
> - 会場は会議室に固定するのではなく，教室や運動場，体育館など，アナフィラキシーが起こる可能性がある校内の場所を毎回移動して行います。
> - ロールプレイングに参加する教職員の役割分担は，学校内での本来の役職に固定するのではなく，患児役も含めいろいろな役を交代して行います。
> - ロールプレイングのシナリオは，細部まで取り決めておくのではなく，おおまかに決めておき，アナフィラキシーを起こした子ども（患児）役のアドリブによって臨場感をもって進行させます。
> - ロールプレイング後は，かかった時間を記録したり，動画に撮って再現し批判的に評価します。
> - ロールプレイング研修の責任者には養護教諭があたります。

## a. ロールプレイング研修の重要性

・ロールプレイとは，実際の場面を想定して，模擬練習をすることをいいます。
・アナフィラキシーが起きたときの立ち会い経験がある教職員は多くありません。アナフィラキシー症状が現れたときの対応を，**症状の発見→初期対応→救急搬送→救命処置**にいたる一連の流れで再現することで，実際には目にしたことがないアナフィラキシーの立ち会い経験を補うことができます。

## b. ロールプレイング研修の定期化

ロールプレイングは，1度行えばその後のアナフィラキシー対応が万全になるものではありません。また，学校は頻繁に人事異動があるので，新しいスタッフのもとでの連携を維持し続けることができるように，各学期はじめの1週間以内に1度行うなど，ロールプレイングを年度計画に組み込んでおきます。研修の責任者には養護教諭があたります。

## c．ロールプレイングを行ううえでの工夫

ロールプレイングを行う会場は会議室に固定するのではなく，教室や運動場，体育館など，アナフィラキシーが起こる可能性がある校内の場所を毎回移動して行います。教室も救急搬送しやすい1階を使ったり，階段を移動させなければならない階上の教室を使ったりと，固定しないで行います。

## d．ロールプレイングの役割分担

学校内での本来の役職に固定するのではなく，患児役，まわりの子ども役，担任教諭役，まわりの先生役，養護教諭役，栄養教諭役，学校長・教頭役など，いろいろな役を交代して行います。他部署の役割を経験することで，食物アレルギーがある子どもを担任していないという理由で特定の教職員に対応を任せたり，他人事のように傍観視する姿勢を改めることにつながります。また，他の教職員が間違って覚えたり誤ったやり方をしていることに気づくことができます。

## e．ロールプレイングのシナリオ

シナリオは細部まで取り決めておくのではなく，おおまかに2本くらい決めておきます。1本は症状を発見したあとの対応中に症状が進行し，アナフィラキシーショックにいたるケース。もう1本は，第一発見時にすでにアナフィラキシーショックを起こしているケースです。ロールプレイングの成功の鍵は，アナフィラキシーを起こした子ども役と，まわりの子ども役の演技です。少しオーバー気味に症状を訴え，心配したまわりの子ども役が騒ぎたてることで，会場を騒然とさせるとうまく進めることができます。

## f．ロールプレイングの検証

ロールプレイング後は，かかった時間を記録したり，動画に撮って再現し批判的に評価し，次回からの改善につなげます。

### 1）アナフィラキシーの症状の発見と初期対応の場面

・アナフィラキシーの症状を発見する場面として，アナフィラキシーを起こした子どもが自分から症状を伝える場合と，先生が異変に気づく場合，まわりの子どもが先生に伝える場合が想定されます。場面や役割を変えて，何度も繰り返し行うことが大切です。
・近くの先生に応援を要請する際，明確に「○年○組でアナフィラキシーです」と伝えます。

- まわりの子どもが先生に伝える場合

  - おなかが痛くなってきちゃった。
    ① 我慢するとダメだって言われてたから
    ② 動かないで、じっとしてるから
    ③ 誰か、先生を呼んできて、お願い！

  - 先生、たいへん！
    ○○ちゃんがおなかが痛いって言っています！

- 先生が異変に気づく場合

  - ① かゆい所はない？　息は苦しくない？
    ② ゆっくり、横になりましょう。
    ③ 保健の先生と校長先生に、来てもらって。

  - 保健の先生！
    ○○先生が呼んでいます！

  - 校長先生！
    ○○先生が呼んでいます！

## 2)アナフィラキシーを起こした子ども(患児)への対応

- 連絡を受けた養護教諭役が，経過記録，救急車要請，アナフィラキシー専用救急セットの取り寄せ，保護者への連絡などを指示します(p.14～16参照)。
- 養護教諭役は，患児役の様子を観察し，アナフィラキシーのグレード表の症状に照らし合わせ，エピペン®の適応症状にあてはまるかどうかを確認します(p.25参照)。
- アナフィラキシーの場合，救命への鍵となる時間は症状の出現から30分であることも共通認識とし，経過記録役は，特に時間経過をきちんと意識しながら記録を行います。

・大切なことは，指示をだされる際も指示を行う場合にも，大きな声で，自身の名前を入れて「○○は保護者に連絡します」などと指示を復唱することで確認することです。

- **養護教諭が指示をだしている場面**

①かゆい所はない？　息は苦しくない？
②アナフィラキシーが起きています。
③アナフィラキシー専用救急セットを取ってきてください。
④記録をとってください。
⑤主治医に連絡します。
⑥薬を飲ませてください。
⑦他の子どもを別の部室に移してください。
⑧救急車を要請してください。
　救急車を迎えに出てください。
⑨保護者に連絡してください。

- **養護教諭がエピペン®使用のタイミングを判断している場面**

エピペン®を使いましょう。

先生、息苦しくなってきました。

文献
・大谷尚子，他（編）．養護教諭のためのフィジカルアセスメント2—教職員と見て学ぶ救命救急の基礎基本—AED・エピペン®・頭部打撲．日本小児医事出版社，2013：21, 35

（山本千尋，小野　厚）

# 3 章

日頃から備えておきたい！
## 学校現場における食物アレルギー児の個別対応計画

## A. 食物アレルギー児の個別対応計画

# 1. 学校における食物アレルギー児の個別対応計画についての保護者への説明

### Point

- 食物アレルギーがある子どもの保護者は，給食について大きな不安を抱いています。
- 学校側から積極的に入学予定の食物アレルギーがある子どもを把握し，対応計画を策定します。
- 学校側が考えている対応を知ることで，保護者は安心して入学までの準備を行うことができます。
- 対応手順を表にまとめ，入学までの早い時期に配布すると，保護者の安心を得やすくなります。
- 希望者には半年分ほどの給食献立表を見本として手渡しておくと，学校給食に対する保護者のイメージが具体化されて，学校，保護者の話し合いがスムーズに進みます。

①保護者は給食に対して不安を抱いています。保護者も学校もお互いに相手が行動を起こしてくれるだろうという待ちの姿勢でいると不安や心配は強くなるばかりです。

②学校側から積極的に，入学予定の食物アレルギーがある子どもを，早い時期に把握しましょう。就学時健康診断のときに，保護者に「入学までの対応手順のお知らせ」と「食物アレルギー調査票」を配布します。

③第1回目の面談では，「食物アレルギー調査票」(p.49参照)の不明な点を確認したうえで，入学までの対応手順を説明します(表)[1]。また給食献立表を手渡し，献立内容を検討しておいてもらいます。給食場面を見学してもらい，給食時の教室内環境も見てもらいます。
食物アレルギー対応希望者は，「学校生活管理指導表[注1]」(p.51参照)や「食物アレルギー診断書」(p.53参照)，「食物アレルギー除去申告書」(p.55参照)，「アナフィラキシーの既往のある子どもの調査票」(p.57参照)などの提出を説明し，必要書類を手渡します。

④提出された学校生活管理指導表や食物アレルギー診断書をもとに，学内食物アレルギー対応委員会[注2]を立ち上げ「食物アレルギー児の個別対応計画(案)」を立てます。

⑤第2回目の面談では保護者の希望を聞き取ります。また，食物アレルギー児の個別対応計画(案)について説明します。

⑥第3回目の面談では保護者と食物アレルギー児の個別対応計画を確認します。

⑦担任教諭が決まったあと，担任教諭への要望を保護者から聞き取ります。

**表** 学校における食物アレルギー児対応の手順

| 時期 | 主体者 | 目的 | 具体的な行動 | 具体的な内容 |
|---|---|---|---|---|
| 9月 | 学校 | 食物アレルギー児の把握 | 幼稚園・保育園との連絡会 | 入学予定の食物アレルギー児の情報を集める。 |
| 10月 | 学校 | 食物アレルギー対応のお知らせ | 就学時健康診断 | 入学までの手順のお知らせを配布する。<br>食物アレルギー調査票を配布する。 |
| 11月 | 保護者 | 食物アレルギー対応の申請 | 第1回目の面談 | 食物アレルギー調査票を提出する。<br>給食見学の希望があれば学校に申請する。 |
|  | 学校 | 食物アレルギーの聞き取り |  | 入学までの対応手順を説明する。<br>食物アレルギー調査票の不明な点を確認する。<br>対応希望を保護者から聞き取る。<br>これまでの給食献立表を見本として手渡す。 |
|  |  | 必要書類の配布 |  | 必要書類を配布し、提出期限を伝える。<br>・学校生活管理指導表<br>・食物アレルギー診断書<br>・食物アレルギー除去申告書<br>・アナフィラキシーの既往がある子どもの調査票 |
| 12月 | 保護者 | 必要書類の提出 |  | 必要書類を提出する。<br>・学校生活管理指導表<br>・食物アレルギー診断書<br>・食物アレルギー除去申告書<br>・アナフィラキシーの既往がある子どもの調査票 |
|  |  | 給食の実情を理解 | 給食の見学 | 給食準備の実際や子どもたちの様子を見学する。 |
| 1月 | 学校 | 食物アレルギー児の個別対応計画の立案 | 学内食物アレルギー対応委員会の設置 | 面談と書類をもとに検討し、食物アレルギー児の個別対応計画（案）を作成する。 |
| 2月 | 学校・保護者 | 個別対応計画（案）の協議 | 入学前説明会 |  |
|  |  |  | 第2回目の面談 | 個別対応計画（案）を保護者と協議する。 |
| 3月 | 学校・保護者 | 個別対応計画の確認 | 第3回目の面談 | 個別対応計画を保護者と確認する。<br>食物アレルギー携帯カードを作成する。 |
| 4月 | 学校 | 個別対応計画の周知徹底 | 全教職員に決定事項の周知<br>ロールプレイング研修会 | 個別対応計画を再度見直して、全教職員に周知徹底する。<br>ロールプレイング研修会を実施する。 |
|  | 学校・保護者 | 個別対応計画の見直し | 新学期の開始<br>給食の開始 | 担任教諭への保護者からの要望を確認する。<br>給食開始後に保護者の希望を再度聞き取り、個別対応計画を見直していく。 |

〔文部科学省スポーツ・青少年局学校健康教育課（監）．学校のアレルギー疾患に対する取り組みガイドライン．財団法人日本学校保健会，2008をもとに作成〕

文献
1) 文部科学省スポーツ・青少年局学校健康教育課（監）．学校のアレルギー疾患に対する取り組みガイドライン．財団法人日本学校保健会，2008

注1：必要書類は学校の食物アレルギー児の対応計画により異なります。学校生活管理指導表が最も重要で必須の書類です。
注2：食物アレルギー対応委員会の構成メンバー：校長（委員長），教頭，担任教諭，学年主任，養護教諭，栄養教諭，給食調理員など．

（田村京子）

A. 食物アレルギー児の個別対応計画

# 2. 食物アレルギー調査のポイント

## Point

- 食物アレルギー調査は，子どものこれまでのアレルギー履歴を保護者に申告してもらうものです。
- 食物アレルギー調査票は，就学時健康診断のときに保護者に配布します。
- 食物アレルギー調査票では，次の内容を把握できるよう調査項目を工夫します。
- ・原因食物は何か。
- ・給食はどの程度の除去が必要なのか。
- ・アナフィラキシーを起こす可能性はどの程度なのか。
- ・緊急薬は持っているか（緊急時内服薬やエピペン®など）。
- ・食物以外にアレルギーを起こす原因はないか（ダニやペットの毛，花粉など）。
- ・運動で症状がでることはないか。
- ・気管支喘息の合併はないか。
- ・学校への要望はないか。

・食物アレルギー児の個別対応計画を立てるうえで，子どものアレルギー情報の収集が必要です。緊急時の対応や給食の対応，教室の安全面からの整備などは，子どものアレルギーの特徴により対応レベルが異なります。食物アレルギー児の個別対応計画を立てるうえでの必要な情報を，もれなく収集するために，保護者が記入しやすい食物アレルギー調査票となるよう工夫します（表）[1]。

・食物アレルギー調査票をもとに，保護者との面談機会を設け，聞き足りないと思われるアレルギー情報を収集します。

文献
1) 日本小児アレルギー学会食物アレルギー委員会．食物アレルギーによるアナフィラキシー学校対応マニュアル（小・中学校編）．財団法人日本学校保健会，2005

**表** 食物アレルギー調査票

児童生徒名 _____

アレルギー疾患について
　質問1：現在治療中のアレルギー疾患は？
　　　　□気管支喘息　□アレルギー性鼻炎　□アトピー性皮膚炎　□アレルギー性結膜炎
　　　　□その他（　　　　　　）
　質問2：食物以外のアレルギー症状を起こす原因は？
　　　　□ダニ　□ハウスダスト　□ペット（犬，猫，その他　　　），□花粉（　　　）
　　　　□カビ　□ハチ毒　□ラテックス　□金属　□薬　□その他（　　　）

食物アレルギーの原因食物について
　質問3：食物アレルギーを起こす原因食物は何ですか？
　　　　食物名（　　　　　　　　　　　　　　　　　　　　　　　　　）
　質問4：現在除去中の食物はありますか？
　　　　□いいえ　□はい（食物名　　　　　　　　　　　　　　　　　）
　　　＊微量の混入まで除去が必要な場合，該当するものに○をつけてください。

　（鶏卵アレルギー：卵殻カルシウム　　　牛乳アレルギー：乳糖
　　小麦アレルギー：醤油・酢・麦茶　　大豆アレルギー：大豆味噌・醤油・大豆油
　　ゴマアレルギー：ゴマ油　　　　　　魚アレルギー：かつおだし・いりこだし
　　肉類アレルギー：肉エキス　　　　　その他（　　　　　　　　　　　））

　質問5：上記の除去食はどなたが判断しましたか？
　　　　□医師　□保護者　□その他（　　　　　　　　　　　　　　　）
　質問6：過去に除去していたが現在は食べられるようになった食物はありますか？
　　　　□いいえ　□はい（食物名　　　　　　　　　　　　　　　　　）
　質問7：アレルギー検査を受けたことがありますか？　そのときの検査結果は？
　　　　□いいえ　□はい→結果　陽性の食物名（　　　　　　　　　　）
　　　　　　　　　　　　　　　陰性の食物名（　　　　　　　　　　）

食物アレルギーの症状について
　質問8：原因食物を摂取して起こった症状と対応

| 摂取した食物<br>（具体的に）と量 | そのときの症状 | 対応<br>無処置，内服，受診，エピペン® | 発症年月日 |
|---|---|---|---|
| | | | |
| | | | |
| | | | |
| | | | |

　質問9：運動で症状がでたことがありますか？
　　　　原因（　　　　　　　　　　　　　　　　　　　　　　　　　）
　質問10：現在アレルギー疾患のため使用している薬はありますか？
　　　　□いいえ
　　　　□はい　薬の名前（　　　　　　　　　　　　　　　　　　　）
　質問11：エピペン®を処方されていますか？
　　　　□いいえ　□はい
　質問12：現在経口免疫療法を受けていますか？
　　　　□いいえ
　　　　□はい　食品名（　　　　　　　　　　　　　　　　　　　　）
　学校給食対応についてどんな配慮を希望されますか？

　その他　要望事項，合意事項：

　記入年月日：　　年　　月　　日　　保護者氏名 _____

〔日本小児アレルギー学会食物アレルギー委員会（編）．食物アレルギーによるアナフィラキシー学校対応マニュアル（小・中学校編）．財団法人日本学校保健会，2005より一部改変〕

（田村京子）

## A. 食物アレルギー児の個別対応計画

# 3. 食物アレルギー調査書類
## a. 学校生活管理指導表

> **Point**
> - 学校生活管理指導表（表）[1]は，アレルギーが原因で学校生活に配慮が必要だと考えられる子どもの情報を主治医が記入し，保護者を通じて学校に提出される重要かつ必須の書類です。
> - アナフィラキシーのリスクが高い子どもを見出し，学校での食物アレルギー対応や学校生活での留意点を方向づけるものです。
> - 提出された学校生活管理指導表に基づいて，保護者と食物アレルギー対応の相談を行います。
> - 保護者の同意のもと，個人情報に留意しながら教職員全員が子どものアレルギー情報を共有します。

・学校での対応や配慮は，保護者の要望だけに基づくと，過剰な対応や不十分な配慮に陥るおそれが生じます。主治医による正確な診断に基づいて行う必要があります。
・診断は，明らかな症状の既往，食物経口負荷試験，IgE抗体等検査結果に基づいて行われますが，食物経口負荷試験がもっとも信頼がおける根拠といえます。
・アナフィラキシーのリスクが高いのは，
　①運動によりアナフィラキシーが起きやすくなる子ども
　②最近の1～2年以内にアナフィラキシーの既往がある子ども
　③そば，ピーナッツや木の実類などにアレルギーがある子ども
　④気管支喘息がある子ども
　⑤エピペン®を処方されている子ども
　です。
・緊急時に備えた内服薬やエピペン®の所持を確認し，保管場所や保管方法，内服やエピペン®を使用するタイミングを保護者と相談します。
・アナフィラキシー対応は，教職員全員がひとつのチームとして行動します。そのためには，子どものアレルギー情報を，保護者の同意を得たうえで教職員で共有しておくことが大切です。

## 表　学校生活管理指導表

**学校生活管理指導表（アレルギー疾患用）**

氏名 _____　男・女　平成　年　月　日生　　　　学校　　年　　組

食物アレルギー（ あり・なし ）　アナフィラキシー（ あり・なし ）

### 病型・治療

**A　食物アレルギー病型**（食物アレルギーありの場合のみ記載）
1. 即時型
2. 口腔アレルギー症候群
3. 食物依存性運動誘発アナフィラキシー

**B　アナフィラキシー病型**（アナフィラキシーの既往症ありの場合のみ記載）
1. 食物（原因　　　　　　　　　　　　　　　　　　　　　　）
2. 食物依存性運動誘発アナフィラキシー
3. 運動誘発アナフィラキシー
4. 昆虫
5. 医薬品
6. その他（　　　　　　　　　　　　　　　　　　　　　　　）

**C　原因物質・診断根拠**　該当する食品の番号に○をし、かつ《　》内に診断根拠を記載
1. 鶏卵　　　　　　　《　》
2. 牛乳・乳製品　　　《　》
3. 小麦　　　　　　　《　》
4. ソバ　　　　　　　《　》
5. ピーナッツ　　　　《　》
6. 種実類・木の実類　《　》（　　　　　　　　　　　）
7. 甲殻類（エビ・カニ）《　》（　　　　　　　　　　）
8. 果物類　　　　　　《　》（　　　　　　　　　　　）
9. 魚類　　　　　　　《　》（　　　　　　　　　　　）
10. 肉類　　　　　　　《　》（　　　　　　　　　　　）
11. その他1　　　　　　《　》（　　　　　　　　　　　）
12. その他2　　　　　　《　》（　　　　　　　　　　　）

［診断根拠］該当するものすべてを《　》内に記載。
①明らかな症状の既往
②食物経口負荷試験陽性
③IgE抗体など検査結果が陽性

**D　緊急時に備えた処方薬**
1. 内服薬（抗ヒスタミン薬、ステロイド薬）
2. アドレナリン自己注射薬（「エピペン®」）
3. その他（　　　　　　　　　　　　　　　　　　　　　　　）

### 学校生活上の留意点

**A　給食**
1. 管理不要
2. 保護者と相談し決定

**B　食物・食材を扱う授業・活動**
1. 配慮不要
2. 保護者と相談し決定

**C　運動（体育・部活動等）**
1. 管理不要
2. 保護者と相談し決定

**D　宿泊を伴う校外活動**
1. 配慮不要
2. 食事やイベントの際に配慮が必要

**E　その他の配慮・管理事項**
（自由記載）

### 緊急連絡先

☆保護者
電話：

☆連絡医療機関
医療機関名

電話：

記載日　　　年　　月　　日

医師名　　　　　　　　　　㊞

医療機関名

○学校における日常の取り組み及び緊急時の対応に活用するため、本表に記載された内容を教職員全員で共有することに同意しますか。
1. 同意する
2. 同意しない

保護者署名_____

〔文部科学省スポーツ・青少年局学校健康教育課（監）．学校のアレルギー疾患に対する取り組みガイドライン．財団法人日本学校保健会，2008 より一部改変〕

文献
1) 文部科学省スポーツ・青少年局学校健康教育課（監）．学校のアレルギー疾患に対する取り組みガイドライン．財団法人日本学校保健会，2008

（田村京子）

## A. 食物アレルギー児の個別対応計画
# 3. 食物アレルギー調査書類
## b. 食物アレルギー診断書

### Point

- 食物アレルギー診断書(表)[1]は，子どもの食物アレルギーの重症度や状態について，医師の判断を求める公文書です。
- 食物アレルギー診断書をもとにして，正確な食物アレルギー児の個別対応計画を立案することができます。
- 食物アレルギー診断書には，以下の記載が求められます。
    - 症状が出現した時期(年月日，年齢)
        - これまでで一番症状が重かったとき
        - 最後に症状がでたとき
    - 原因食物
        - 原因食物の種類，食べたおおよその量，同時に食べた食べ物
    - 症状の種類
        - 口腔症状，腹痛，じんましん，喘鳴など
        - アナフィラキシー症状の有無
    - 症状の経過
        - 食べてから症状がでるまでの時間とその後の症状の変化
    - 症状の誘発因子
        - 運動，入浴，薬剤，疲労，生理など
    - その他
        - 検査結果
        - 緊急対応方法(エピペン®や緊急薬の保持状況)
        - 気管支喘息合併の有無

- 「食物アレルギー調査票」は保護者からの申告書ですが，「学校生活管理指導表」や「食物アレルギー診断書」は医師の手による公文書です。食物アレルギーがある子どもの給食対応や，学校生活を送るうえで生じるさまざまな問題を，医学的見地から判断した書類です。
- 食物アレルギー診断書には，上記の内容が求められますが，記載が不十分な場合や不明な点があれば保護者に確認をしたり，主治医に連絡を取り説明を受けるようにします。

**表** 食物アレルギー診断書

```
名前                          (男・女)
生年月日  平成    年    月    日生
診断名  ①食物アレルギー
        ②_____
        ③_____
```

1. 以下の食物の除去(接触も含む)が必要です。(該当する食物に○)
   - ①卵
   - ②牛乳
   - ③小麦
   - ④そば
   - ⑤ピーナッツ
   - ⑥その他(　　　　　　　　　　)

   ★ 備考：除去食品で摂取不可能なもの(該当する項目に○)
   - 鶏卵アレルギー：卵殻カルシュウム　　牛乳アレルギー：乳糖
   - 小麦アレルギー：醤油・酢・麦茶　　　大豆アレルギー：大豆味噌・醤油・大豆油
   - ゴマアレルギー：ゴマ油　　　　　　　魚アレルギー：かつおだし・いりこだし
   - 肉類アレルギー：肉エキス　　　＊○がついてないのは摂取可能

2. アナフィラキシー症状の既往(該当する項目に○)
   - あり　　なし
   - 「あり」の場合：原因食物
     - 発症年月日　平成　年　月　日

3. 原因食物摂取時に症状がでた場合の対応方法(該当する項目に○)
   - ①内服薬(　　　　　　　　　　　　　　　　)
   - ②エピペン®(0.3mg　・　0.15mg)
   - ③緊急時の搬送先
     - 医療機関名：
     - 電話番号：　　－　　－

4. 気管支喘息合併の有無
   - あり　　なし
   - 「あり」の場合　　コントロール：良好，不良

5. 食物依存性運動誘発アナフィラキシーの可能性
   - あり　　なし

6. 本指示書の内容に関して6か月後・12か月後に再評価が必要です。

```
平成    年    月    日    医療機関名
                          電話番号    －    －
                          医師名                    印
```

※ごく微量含まれる食品(★印)まで除去の必要がある。

[「食物アレルギーの診療の手引き2011」検討委員会. 厚生労働科学研究班による食物アレルギーの診療の手引き2011. 厚生労働科学研究費補助金免疫アレルギー疾患等予防・治療研究事業食物アレルギーの発症要因の解明および耐性化に関する研究, 厚生労働科学研究班, 2011より一部改変]

文献
1)「食物アレルギーの診療の手引き2011」検討委員会. 厚生労働科学研究班による食物アレルギーの診療の手引き2011. 厚生労働科学研究費補助金免疫アレルギー疾患等予防・治療研究事業食物アレルギーの発症要因の解明および耐性化に関する研究, 厚生労働科学研究班, 2011

(田村京子)

## A. 食物アレルギー児の個別対応計画
# 3. 食物アレルギー調査書類
## c. 食物アレルギー除去申告書

### Point

- 食物アレルギー除去申告書（表）[1]は、それぞれの原因食物ごとに、給食の摂取可否や宿泊旅行時の食事対応を判断するうえで大まかな目安となる、保護者からの申告書です。
- 記入する際に保護者では判断が難しいときには、主治医に相談しましょう。
- 製造ラインの共有や微量混入まで除去が必要な場合は、重症の子どもです。
- 加工食品が摂取できる場合は、比較的軽症の子どもですが、給食での対応は誤食が起こりやすいので完全除去が原則です。
- 原因食物が多種にわたる子どもは重症の場合もありますが、血液検査の結果だけで診断されている場合もあるので、さらに詳しく聞き取ることが大切です。

・食物アレルギーがある子どもの食物摂取の状況は、次の4段階に分けることができます。
　①完全除去の場合（製造ラインの共有や微量混入まで除去が必要な場合）
　②製造ラインの共有や微量混入は大丈夫な場合
　③加工食品の摂取は可能な場合
　④加熱した献立の摂取は可能な場合
・子どもの摂取状況に合わせて給食対応を行うと、子どもの"食のQOL"は向上します。しかし、給食での誤食の危険性を考えると、完全除去が原則です。

文献
1）姫路市教育委員会．姫路市食物アレルギー対応マニュアル（第1版改訂）．平成25年3月

**表** 食物アレルギー除去申告書

# 食物アレルギー除去申告書

申告日　平成　　年　　月　　日

○○市立　　　　　学校長　様

児童生徒名　＿＿＿＿＿＿＿＿＿＿＿　生年月日　平成　　年　　月　　日

保護者氏名　＿＿＿＿＿＿＿＿＿＿＿㊞

1　本児童生徒は，下記の原因食物があります。食物アレルギー対応については，これまでに経験したアレルギーの経過および除去の程度を以下のように申告しますので，貴校での生活管理において配慮願います。

| 原因食物 | 除去のレベル | 食べたときの症状 | 備考 |
|---|---|---|---|
| □卵<br>□牛乳・乳製品<br>□小麦<br>□ピーナッツ<br>□その他<br>（　　　　　） | □完全除去<br>□微量の混入は可<br>□加工品は可<br>□本人判断で取り除き<br>□その他注意事項<br>（　　　　　　　） | □顔面紅潮，まぶたのはれ，じんましん<br>□咳，ゼイゼイ，ヒューヒューなど呼吸器症状<br>□腹痛，嘔吐などの消化器症状<br>□意識消失，ぐったりするなどの低血圧症状<br>□その他（　　　　　　　）<br>最終症状確認　平成　年　月頃 | |
| □卵<br>□牛乳・乳製品<br>□小麦<br>□ピーナッツ<br>□その他<br>（　　　　　） | □完全除去<br>□微量の混入は可<br>□加工品は可状<br>□本人判断で取り除き<br>□その他注意事項<br>（　　　　　　　） | □顔面紅潮，まぶたのはれ，じんましん<br>□咳，ゼイゼイ，ヒューヒューなど呼吸器症状<br>□腹痛，嘔吐などの消化器症状<br>□意識消失，ぐったりするなどの低血圧症状<br>□その他（　　　　　　　）<br>最終症状確認　平成　年　月頃 | |
| □卵<br>□牛乳・乳製品<br>□小麦<br>□ピーナッツ<br>□その他<br>（　　　　　） | □完全除去<br>□微量の混入は可<br>□加工品は可状<br>□本人判断で取り除き<br>□その他注意事項<br>（　　　　　　　） | □顔面紅潮，まぶたのはれ，じんましん<br>□咳，ゼイゼイ，ヒューヒューなど呼吸器症状<br>□腹痛，嘔吐などの消化器症状<br>□意識消失，ぐったりするなどの低血圧症状<br>□その他（　　　　　　　）<br>最終症状確認　平成　年　月頃 | |

４品目以上ある場合には裏面に記載のこと

※ ☑本人判断で取り除きにチェックが入る場合は，学校生活管理指導表は不要

2　食物アレルギーのために受診している医療機関

　　医療機関名　＿＿＿＿＿＿＿＿＿＿＿　医師名　＿＿＿＿＿＿＿＿＿

□この申告書は，上記医師の診断を受けています。
□上記医療機関には（およそ＿＿＿か月ごと・年１回以上・必要時）に受診しています。
□最後に受診した年月日は（平成　　年　　月　　日）
□緊急時に使用するため，下記の薬剤を処方されています。
　　　□飲み薬＊　　　□吸入薬＊　　　□自己注射薬（エピペン®）
　　＊　薬品名（　　　　　　　　　　　　　　　　　　　　　　　　）
□必要があれば，診療情報を照会することを了承します。

〔姫路市教育委員会．姫路市食物アレルギー対応マニュアル（第１版改訂）．平成25年3月より一部改変〕
〔http://www.city.himeji.lg.jp/〕

（田村京子）

A. 食物アレルギー児の個別対応計画

A. 食物アレルギー児の個別対応計画

# 4. エピペン®携帯になった理由と過去に起きた症状の聞き取り方

> **Point**
> - エピペン®はアナフィラキシーを起こすリスクが高い子ども，特に気管支喘息を合併している子どもは必携です。
> - アナフィラキシー症状を「いつ」「何を摂取したら（原因食物）」「どのくらい摂取したら（摂取量）」「どのようになり（症状）」「どうしたら（対応）」「どうなったか（経過）」などのポイントを押さえながら聞き取ることが大切です。

「アナフィラキシーの既往のある子どもの調査票（表）」はエピペン®を持つに至った理由について保護者と教職員が情報を共有するための書類です。表は，入学前に記入する場合と，入学後，学校のイベント時に必要になる場合があります。
　エピペン®の携帯理由は以下のものがあげられます。

## a. アナフィラキシーを起こすリスクが高い場合

- 最近もアナフィラキシーを繰り返している場合。
- 微量の摂取で激しい症状がでる可能性がある場合。
  食物経口負荷試験でごく微量でも症状が誘発される場合。
- 経口免疫療法中でアナフィラキシーを起こす危険性がある場合。
- 気管支喘息を合併している場合。

## b. アナフィラキシーが起きたときに，医療機関までのアクセスが困難な場合

- アナフィラキシーのリスクが高く，修学旅行，自然学校，海外旅行に行く場合。
- アナフィラキシーの既往がある子どもには 表 を配布し提出してもらいます。

**表** アナフィラキシーの既往のある子どもの調査票

児童生徒名 _____

おもな症状を○で囲んでください。

| アナフィラキシーを起こした年月日<br>（　　歳　　か月） | これまでで一番症状が重かったとき<br>　　年　　　月<br>（　　歳　　か月） | 最も最近に起きたとき<br>　　年　　　月<br>（　　歳　　か月） |
|---|---|---|
| 原因食物 | | |
| おおよその摂取量 | | |
| 症状　皮膚・粘膜の症状 | ・皮膚がかゆくなる<br>・皮膚が白あるいは赤くなる<br>・じんましん・まぶたが腫れる<br>・口の中が腫れる | ・皮膚がかゆくなる<br>・皮膚が白あるいは赤くなる<br>・じんましん・まぶたが腫れる<br>・口の中が腫れる |
| 消化器の症状 | ・口の中に違和感を感じる<br>・飲み込みにくくなる<br>・おなかがゴロゴロする<br>・吐き気，腹痛を感じる<br>・便意や尿意をもよおす<br>・嘔吐や下痢をする<br>・おなかを抱えて冷や汗をかいている | ・口の中に違和感を感じる<br>・飲み込みにくくなる<br>・おなかがゴロゴロする<br>・吐き気，腹痛を感じる<br>・便意や尿意をもよおす<br>・嘔吐や下痢をする<br>・おなかを抱えて冷や汗をかいている |
| 呼吸器の症状 | ・鼻がつまる・喉や胸がしめつけられる<br>・息がしにくくなる<br>・くしゃみ，咳がでる<br>・声がかすれている<br>・呼吸音がゼーゼー，ヒューヒュー聞こえる<br>・呼吸困難を起こしている | ・鼻がつまる・喉や胸がしめつけられる<br>・息がしにくくなる<br>・くしゃみ，咳がでる<br>・声がかすれている<br>・呼吸音がゼーゼー，ヒューヒュー聞こえる<br>・呼吸困難を起こしている |
| 循環器の症状 | ・胸がドキドキする（動悸）<br>・胸が苦しくなる・脈が触れにくくなる<br>・血圧低下<br>・爪や唇が青白い，紫色（チアノーゼ） | ・胸がドキドキする（動悸）<br>・胸が苦しくなる・脈が触れにくくなる<br>・血圧低下<br>・爪や唇が青白い，紫色（チアノーゼ） |
| 神経の症状 | ・くちびるがしびれる・手足がしびれる<br>・耳鳴り，めまいがする・眠気を感じる<br>・フラフラする・目の前が暗くなる<br>・元気がなくなる・ぐったりしている<br>・横になりたがる<br>・意識がもうろうとしている<br>・便や尿を漏らす・けいれんする | ・くちびるがしびれる・手足がしびれる<br>・耳鳴り，めまいがする・眠気を感じる<br>・フラフラする・目の前が暗くなる<br>・元気がなくなる・ぐったりしている<br>・横になりたがる<br>・意識がもうろうとしている<br>・便や尿を漏らす・けいれんする |
| 症状発現までの時間 | | |
| 治療 | | |
| 経過 | | |
| 発症の引きがね<br>（病気，疲労，ストレス，花粉症，消炎鎮痛薬，など） | | |
| 気管支喘息の既往 | あり　　　なし | |

記入年月日　　　年　　月　　日　　　　　　　　　保護者氏名 _____

（田村京子）

A. 食物アレルギー児の個別対応計画

# 5. 食物アレルギー携帯カードの作成方法

## Point

- 原因食物の名前を記入します。
- 名前，生年月日，保護者名を記入します。
- 緊急連絡先は，複数箇所を連絡優先順に記入します。
- 緊急薬を記入します。
- かかりつけの医療機関名と緊急時搬送先の医療機関名の両方を記入します。

・食物アレルギー携帯カード（図）は，食物アレルギーがある子どもと，保護者と担任教諭がそれぞれ携帯しておきます。食物アレルギー携帯カードの大きさは常時ポケットに入れておけるよう裏表に印刷して名刺サイズにします。ラミネート加工しておくと保管しやすくなります。

（田村京子）

図　食物アレルギー携帯カード

A. 食物アレルギー児の個別対応計画

# 6. 食物アレルギー児の個別対応計画の作成方法

## Point

- 学内食物アレルギー対応委員会を設置し，食物アレルギー児の個別対応計画を作成します。
- 食物アレルギー児の個別対応計画の作成にあたっては，安全を第一に考えます。
- 安全を優先するあまり児童の生活の質（Quality of Life：QOL）が低下しないように配慮します。
- 保護者や子どもの希望を聞く機会を設けます。
- 学校での人的，物理的制約から対応能力に限界があることを保護者に理解してもらいます。

・食物アレルギー児の個別対応計画の作成は，医師の指示のもと，学内食物アレルギー対応委員会で作成します（図）。
・作成にあたっては，保護者と面談する機会を設け，保護者や子どもの希望を聞くようにします。「食物アナフィラキシーを起こさない危機管理」として，次のプランを作成します。
- **安全な給食の提供**……ユニバーサル献立の普及，食材情報の管理（兵庫方式[1]の採用〈p.74参照〉），調理過程での混入を防ぐシステム，誤配膳を防ぐシステム
- **安全な教室管理**………食物による教室汚染時の対応
- **教育学習上の配慮**……給食当番・掃除当番・教材の安全管理
- **行事の安全管理**………部活動の合宿・校外研修・修学旅行
- **緊急時の対応**

```
┌─────────────────┐  ┌─────────────────────┐  ┌─────────────────┐
│   医師の指示    │  │     保護者面談      │  │   学校の状況    │
│・学校生活管理指導表│  │・食物アレルギーの経過│  │・人的要因の充足度│
│・食物アレルギー診断書│ │ （食物アレルギー調査票）│ │ （栄養教諭，調理師など）│
│                 │  │・家庭での食事内容    │  │・調理場の設備    │
│                 │  │ （食物アレルギー除去申告書）│ │・緊急時の対応能力│
│                 │  │・アナフィラキシーの有無│  │                 │
│                 │  │ （アナフィラキシーの既往のある子│ │                 │
│                 │  │  どもの調査票）     │  │                 │
│                 │  │・緊急時の対応       │  │                 │
└────────┬────────┘  └──────────┬──────────┘  └────────┬────────┘
         └─────────────────────┐│┌─────────────────────┘
                               ▼▼▼
              ┌───────────────────────────────────┐
              │      食物アレルギー対応委員会      │
              │3条件を合わせて「食物アレルギー児の個別│
              │       対応計画（案）」を検討       │
              └─────────────────┬─────────────────┘
                                ▼
              ┌───────────────────────────────────┐
              │食物アレルギー対応委員長（おもに学校長）が決定│
              │           ●安全な給食の提供       │
              │           ●安全な教室管理         │
              │           ●教育学習上の配慮       │
              │           ●行事の安全管理         │
              │           ●緊急時の対応           │
              └───────────────────────────────────┘
```

**図** 食物アレルギー児の個別対応計画の作成方法

文献
1）神戸哲雄．兵庫方式による学校給食の食材管理．小林陽之助，他（監），食物アレルギーの治療と管理．改訂第2版，診断と治療社，2008；100-104

（田村京子）

## A. 食物アレルギー児の個別対応計画

# 7. 給食の除去レベルの決定方法

### Point

- 子どものアレルギーの重症度や学校の調理体制の状況により対応を決定します。
- 献立対応は事故が起こりやすいので完全除去を基本とします。
- 学校の対応能力が不十分な場合に無理な対応を行うと事故が起きやすくなるので、無理のない対応を計画します。
- 文部科学省は食物アレルギーがあってもできる限り給食対応するように求めていますが、対応できない場合は無理をしないで保護者にその旨を伝えることも大切です。
- 理想的な対応は代替食です。
- おもな原因食物である鶏卵、牛乳、小麦をできるだけ使わない給食が望まれます（ユニバーサル献立）。

・給食対応は、子どもの安全性と"食のQOL"とのバランスを考えて決定されます（図）。
・子どもの"食のQOL"を優先すると、代替食の提供が望まれます。代替食の提供を行うためには、調理現場の人的充足、食物アレルギーへの知識の深さ、調理現場のアレルギー対応の設備、食材購入の予算など、ハード面、ソフト面の充実が求められます。
・代替食の提供が難しい場合には、ユニバーサル献立を献立作成の基本に据えることで、食物アレルギーがある子どもの"食のQOL"を向上させることができます。

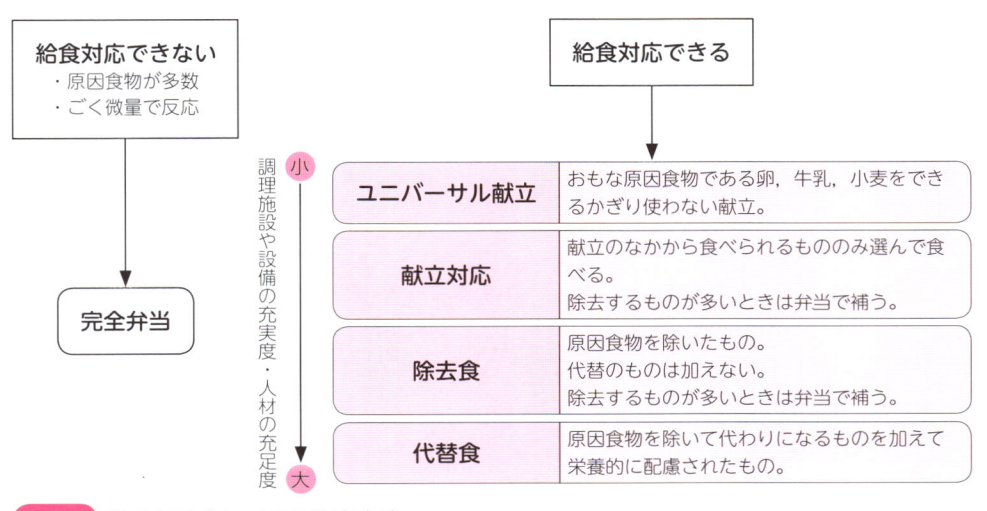

| | | |
|---|---|---|
| 給食対応できない<br>・原因食物が多数<br>・ごく微量で反応 | | 給食対応できる |
| ↓ | 調理施設や設備の充実度・人材の充足度 小←→大 | ↓ |
| 完全弁当 | ユニバーサル献立 | おもな原因食物である卵、牛乳、小麦をできるかぎり使わない献立。 |
| | 献立対応 | 献立のなかから食べられるもののみ選んで食べる。除去するものが多いときは弁当で補う。 |
| | 除去食 | 原因食物を除いたもの。代替のものは加えない。除去するものが多いときは弁当で補う。 |
| | 代替食 | 原因食物を除いて代わりになるものを加えて栄養的に配慮されたもの。 |

図 給食の除去レベルの決定方法

（田村京子）

## B. 学校生活を安全に送るための注意点

# 1. 体育・部活動中の注意点

> **Point**
> - 食物アレルギーが治る過程でも，食直後の運動により症状が誘発されることがあるので注意が必要です。
> - 身体を動かす活動中は，食物依存性運動誘発アナフィラキシー（food-dependent exercise-induced anaphylaxis：FEIAn）に注意します。
> - FEIAn の原因食物は，小麦，甲殻類，そば，魚が多いのですが，他の食物にも注意が必要です。
> - 原因食物を摂取した後の運動は控えさせましょう。
> - 教室から離れて活動するので，担任教諭以外の先生もアナフィラキシーの初期症状を見つける力量が求められます。
> - 部活動の早朝練習や休日練習のときには，先生の眼が少なくなるので特に注意が必要です。
> - エピペン®の保管場所と異なる場所で活動するので，いち早く子どもの手もとにエピペン®を取り寄せられるように検討が必要です。

### a．原因食物

・食物依存性運動誘発アナフィラキシー（food-dependent exercise-induced anaphylaxis：FEIAn）の原因食物は小麦や甲殻類，そば，ナッツ類など[1]（p.100 表1参照）で，成人に多い食物アレルギーです。最近，ダニの吸入抗原が小麦粉などに混入し，FEIAn を起こすという発表があり注目を浴びています。

### b．症状

・全身性のじんましん，血管浮腫，紅斑などの皮膚症状をほぼ全例に認め，喘鳴，呼吸困難などの呼吸器症状が約70％に認められます。血圧低下や意識低下などのショック症状が約半数に，死亡例も認められるとの報告もあります。

### c．食後の運動

・食後からアレルギー症状発症までの時間は1時間未満が大半で，運動開始時期が早ければ早いほど発症しやすい傾向にあります。しかし，運動開始後6時間でショック症状を呈した報告もあり注意が必要です。球技やランニングなど運動負荷の大きい種目が多いが，散歩，軽い

運動や，飲酒，食直後の入浴もあり注意が必要です。
- 診断が確定したあとは，原因食物を運動前に摂取しないことです。原因食物を摂取した場合，少なくとも2時間は運動を避けます。万が一，わからずに原因食物を摂取し運動した場合，皮膚の違和感，じんましんなどの前駆症状が出現すればすぐに運動を中止します。感冒薬などの非ステロイド性抗炎症薬(non-steroidal anti-inflammatory drugs：NSAIDs)を内服した場合は運動を避けます。

## d．エピペン® 保管上の注意点

- 子どもが症状を起こした場所とエピペン®保管場所とが離れている場合が多いので，いち早く子どもの手もとにエピペン®を取り寄せられるよう検討します。
エピペン®をあらかじめ子どもが活動している近くに置いておく場合，保冷剤とともに遮光ケースに入れ，直射日光や温度の上昇からエピペン®を守る工夫が必要です。

※エピペン®が入っているケースは，直射日光を避け，必ず日陰に置いておく。

文献
1) Du Toit G.：Food-dependent exercise-induced anaphylaxis in childhood. Pediatr Allergy Immunol 2007；18：455-463
・相原雄幸．食物依存性運動誘発アナフィラキシー．アレルギー 2007；56：451-456

（谷内昇一郎）

## B. 学校生活を安全に送るための注意点

# 2. 調理実習を行う際の注意点

### Point
- 原因食物に触れたり，吸い込んだりして症状がでることがあるので注意が必要です。
- 安全性を優先するあまり，子どもを食教育の機会から排除しないようにしましょう。
- 子どもの原因食物を使わない実習計画を立てましょう。
- 調理実習室の洗い桶やスポンジ，ふきん類などの汚染にも配慮が必要です。

調理実習を行う際には，衛生面だけでなく食物アレルギーへ配慮した安全面への対策が必要です。

## 計画時の留意事項

・原因食物の微量摂取や接触，吸入が起きたときに，どの程度の危険性があるのか保護者を通じて主治医に確認しておきましょう。
・食物アレルギーがある子どもも一緒に参加できる献立内容を作成する場合，誤食や混入を防ぐためには，その班だけの対応ではなくクラス全体でアレルギー対応をしましょう。
・食物アレルギーがある子どもと調理を行う場合の注意点を以下に列挙します。

1) 実習担当者は，食物アレルギーの有無や内容などを学内食物アレルギー対応委員会のメンバーを通じて把握しておきます。
2) 調理中や食事の際に原因食物を混入させないために，次のような手立てを講じておきます。
　①まな板，包丁，鍋，菜箸，スポンジ，ふきんなどは共有しません。
　②調理中の原因食物の飛散に注意します。
　③調理後はすぐにふたをして，蒸気中の原因食物の飛散を防ぎます。
　④加工食品を使うときは，原材料の確認をしっかり行います。
　⑤子どもが使用する箸・スプーンなどが入れ替わったりしないように注意します。
　⑥調理後は，クラス全員の手洗いを励行し，原因食物の付着による手からの拡散を防ぎます。
3) 調理作業中も子どもの体調変化について常に注意します。異変があった場合にはただちに保健主事・栄養教諭・養護教諭，管理職に報告し，適切な対応を行います。
4) 喫食時
　①調理後は，速やかに喫食させます。

②食べこぼしに注意し，おかわりは原則として許可しません。

③授業時間以外の喫食や持ち帰りは禁止します。

④包丁，まな板は洗剤で十分に洗浄し，殺菌庫で保管します。

⑤喫食中および喫食後数時間は，子どもの体調変化について見守り(観察)を継続します。異変があった場合はただちに保健主事・栄養教諭・養護教諭，管理職へ報告し，適切な対応を行います。

5) 実習後

①調理済献立については，保存分を確保しておきます。

②調理済献立ごとに50g程度(または1人分相当)ずつ清潔な容器(使い捨てのビニール袋など)に密封して入れ，専用冷凍庫に－20℃以下で2週間以上保存しておきます。

③容器には学部・学年，クラス名および調理日(実習日)，実習責任者名を明記します。

6) 衛生面・安全面での実施計画と実習時のずれについても記録し，今後の衛生管理の留意点として更新していきます。

(谷内昇一郎)

## MEMO

B. 学校生活を安全に送るための注意点

# 3. 食べ物を取り扱う授業での注意点

> **Point**
> - 食べ物を取り扱う授業では，原因食物を吸い込んだり，皮膚に付いてしまって症状がでることがあるので注意しましょう。
> - 小麦や大豆などの固形食物では，吸い込まないように注意しましょう。
> - 牛乳などの液体食物では，皮膚に付かないように注意しましょう。

食べ物を取り扱う授業を行ううえでの注意点を，原因食物ごとに具体的に説明します。

## a. 小麦

保育所，小学校の低学年では，小麦粘土を使用した授業があります。小麦粉を吸入しただけで症状がでる子どもは，クラス全体で小麦粘土のかわりに米粉，さくさく粉，タピオカ粉，片栗粉，ホワイトソルガム粘土を代用として使用しましょう。授業に参加させないことも検討します。

## b. 豆まき

節分の豆まきにピーナッツを使用しているところがあります。ピーナッツアレルギーがある子どもは少量でも強く症状がでることが多いので，大豆に変更する必要があります。殻がついていても危険です。無理な場合には，別室に待機させるか休ませることも考慮します。

## c. そば打ち体験

・そばアレルギーは学童期から発症することが多く，食べなくてもそば粉を吸っただけでも強く症状がでる場合があります。そばアレルギーがある子どもは別室に待機するか，休ませることも考慮します。
・また，校内にそばを植えて観察する実習を行う学校もありますが，安全面について主治医の確認をとりましょう。

## d. 牛乳パックのリサイクル授業

・牛乳は小学生になっても寛解せず，強い症状を起こす子どもが増えてきました。2012年12月に起きた乳製品（チーズ）による学校での死亡事故は記憶に新しいところです。
・エコロジー教育の一環として使用済みの牛乳パックを使った紙すきや

工作の授業が取り組まれています。重症の牛乳アレルギーがある子どもでは，牛乳パックを解体，洗浄，回収の際に，パックに残った牛乳が周囲に飛び散ることがあり危険です。
・保護者に授業で使う使用済みの牛乳パックの回収を依頼する際には，パックを必ず洗ってから子どもに持参させるように連絡書類に特記します。それでも特記事項を読まない保護者がいることを考慮し，パック回収後は担任教諭が洗い残しがないか点検し，必要なら再度担任教諭の手で洗い直します。
・特に重度の牛乳アレルギーがある子どもが在籍している場合には，お茶やジュースのパックなど牛乳パック以外のものを持参させるように保護者に依頼します。

（谷内昇一郎）

## MEMO

## B. 学校生活を安全に送るための注意点

# 4. 掃除のときの注意点

> **Point**
> - 掃除時間中に，原因食物を触ったり吸い込んだりして症状がでることがあります。
> - 掃除時間中は，マスクを着用させます。
> - 食物アレルギーが治る過程では，食後の掃除時間に体を動かすことでアナフィラキシーが起きることがあるので注意が必要です。
> - 子どものアレルギー特性を把握して，食物アレルギーがある子どもにも可能な掃除の役割を，子どもと先生，保護者が話し合って探しましょう。

掃除のときの留意事項を列挙します。

## a. 机運び

掃除時間のはじめに机を移動させるときに，机の側面や下面に付着している牛乳に触ってしまうことがあるので，強い牛乳アレルギーがある子どもには，机運びはさせないほうがよいでしょう。

## b. 掃き掃除

ほこりが舞いあがる掃き掃除（特に下駄箱や昇降口などのほこりの立つ場所）の係は避けます。

## c. 拭き掃除

・乾いた布を使って「窓のから拭き係」を割りあてます。
・雑巾には原因食物が付着している可能性が特に高いので，食物アレルギーがある子どもには触れさせないようにします。

## d. トイレ掃除

トイレは流水を使う場所なので，ほこりが舞いあがることも少なくアレルギーがある子どもでも安全に掃除を行えます。ただ，牛乳パックを洗浄したあとのバケツの廃液をトイレに流す場合があるので，注意が必要です。

## e. 校庭・学校園庭の掃除

運動会のあとは，ライン引きに使った石灰にかぶれないか注意が必要です。

## f. 動物舎の掃除はさせないでください

- ウサギやヤギ，ニワトリなどの動物舎の掃除は，ほこりだけでなくエサの食べ残しや動物の排泄物で汚れているために，アレルギーがある子どもは動物舎の中に入らないようにさせましょう。
- また，教室の中でウサギやハムスターなどの小動物を飼育する場合がありますが，同じ理由で望ましくありません。

## g. 掃除の免除

- 食物アレルギーがある子どもの安全面を優先するあまり，清掃を免除するなどの対応を取ることは望ましくありません。他の児童生徒の不公平感をあおり，いじめや偏見・差別の原因にもなりかねないので十分な配慮が必要です。
- 食物アレルギーがある子どもにもできる掃除の係はないのか，子どもと先生，保護者が話し合って探しましょう。主治医に助言を求めることも有用です。

## h. 化学物資

- 音楽室は防音のため機密性が高く，室内に化学物質が存在すると影響を受けやすいので，換気に注意しましょう。
- また，コンピューター室をつくるときは十分に換気ができる設備を考慮しましょう。

## i. 寝具の持ち込み時

しまってあった寝具を家庭から持ってくるときは，洗濯をして，または，よく掃除機をかけてほこりの付着・吸着を取り除いてから持参してもらうようにお願いしましょう。

（谷内昇一郎）

## B. 学校生活を安全に送るための注意点

# 5. 宿泊を伴う学校行事の注意点

### Point
- 野外活動や修学旅行など宿泊を伴う学校行事では，「症状を起こさない対策」と「症状が起きたときの対策」を，十分に時間をかけて準備しておきます。
- 食物アレルギーに対する知識と受け入れ経験がある宿泊施設を選ぶようにします。
- 提供される献立内容は，食材名や加工食品の成分表を含めて早い時期に送付してもらいます。
- 食事面での宿泊施設との交渉は，学校の許可のもと保護者に代行してもらい，交渉の結果は緊密に学校に報告してもらいます。
- 急変時に備えて保護者にエピペン®携帯の必要性を確認し，救急搬送先を確保しておきます。
- 同行する教職員の間で，急変時対応の役割分担を作成しておきます。

## a. 宿泊をするときの食事

### 1) アナフィラキシー発症リスクの増加
アナフィラキシーは運動や疲れ，睡眠不足，食後すぐの入浴などで誘発されやすくなります。宿泊を伴う学校行事は，このアナフィラキシー誘発要件がすべてそろっているので，家庭での食事や学校での給食対応に比べて，格段の慎重さが求められます。

### 2) 宿泊先選び
旅行代理店を通じて，食物アレルギーがある子どもの過去の受け入れ実績を参考にしながら，慎重に宿泊施設の選択を行います。

### 3) 献立情報の収集
提供される献立内容を，食材名や加工食品の成分表示を含めて早い時期に学校に送ってもらいます。成分表示が速やかに送付されてくるかどうかは，宿泊施設の食物アレルギーに対する力量を知る手がかりのひとつになります。

### 4) 食事の打ち合せ
送られてきた献立情報をもとに，宿泊施設との食事の打ち合せを行います。保護者→学校→宿泊施設→学校→保護者のやりとりでは時間もかかり，細かい打ち合わせも難しいために，保護者と宿泊施設が直接話し合う許可を与えます。交渉の結果は保護者と学校とが緊密に連絡を取り合いながら共有し，必要に応じて主治医に助言を求めます。

### 5）アレルギー対応献立をつくってもらう場合

・除去が必要な原因食物の種類を伝えるだけではなく，食べられるものも同時に伝えます。調味料や加工食品など，摂取できるものをできるだけ詳細に宿泊施設に連絡します。
・配膳間違いを避けるために，食物アレルギーがある子ども用のアレルギー対応献立は，ひと目で違いがわかる形状や内容にします。子どもの気持ちを尊重するあまり，見た目でわからないような献立内容（例えば，牛乳の代わりに豆乳を用いて献立をつくる，卵や牛乳が使われていないハム，ソーセージを提供する，など）は避けるようにします。また，子どもの席は固定し，わかりやすいシートを敷くなどの工夫をします。
・宿泊施設とのやりとりのなかで対応に不安を感じる場合には，アレルギー対応献立対応に期待しないで食事を持ち込むようにします。

### 6）食事を持ち込むとき

・多種類の原因食物がある場合や，微量でアナフィラキシーが出現する場合，また宿泊施設の対応に不安を感じる場合には，食事を持ち込むほうが安全です。
・この場合，1食ごとにまとめてパックして，学校名，子どもの名前を大きく表記しておき，冷凍（冷蔵）便で宅配するとよいでしょう。他の学校や子どもと間違えないように，パックに食べる予定の日時や朝食用，夕食用などの区別，名前，献立名の表記も忘れずに行います（**表**）。また発送後は届いているかどうか，宿泊施設に電話を入れ確認することも必要です。保管場所も確認しておきましょう。

### 7）ビュッフェ形式の場合

・宿泊施設によっては，好きな献立を自分で取り分けてビュッフェ形式（バイキング形式）の食事を提供する場合があります。あらかじめその献立に原因食物が含まれているかどうかの情報を得ていても，取り分けの間に菜箸やトングで原因食物の混入が起こります。その学校でいちばん先に取り分ける権利を与えても，大規模な宿泊施設では他の学校と同時期に宿泊することもあり，ビュッフェ形式の献立が安全である保証はありません。
・ビュッフェにだす前に厨房で1人前を取り分けておいてもらい，食物アレルギーがある子どもに提供してもらう方法が安全です。

### 8）飯ごう炊さんをするとき

飯ごう炊さんの副食にカレーをつくることが多いのですが，小麦粉や脱脂粉乳が含まれていることが多いのでカレールーには特に注意が必要です。クラス全体，学年全体が同じアレルギー対応のカレールーを使うことが望まれます。

**表** 持ち込み献立の表記表

| 学校名 | 学校 |
|---|---|
| クラス名 | 組 |
| 子どもの氏名 | 男　女 |
| 食べる予定日 | 年　月　日 |
| 食べる時間 | 朝食用　昼食用　夕食用 |
| 献立名 | |

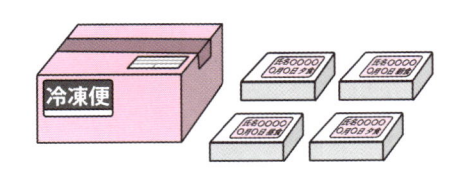

### 9) 昼食の対応

宿泊施設でおにぎりをつくってもらいましょう。ご飯だけパックに入れてもらい，ふりかけや焼き海苔で対応しても構いません。

## b．緊急時の対応

### 1) ハイリスク環境の認識

宿泊を伴う学校行事は，アナフィラキシー発症のリスクが高いだけでなく，万が一発症したときの対応に困難が伴うことを認識しておく必要があります。

### 2) 子どもを1人にしない

食物アレルギーがある子どもが野外活動や班活動を行うときには，必ず近くに引率者を配置するよう心がけてください。この配慮は子どもが中学生や高校生になっても守るべき原則です。

### 3) 緊急カードや診療情報提供書の持参

- 病気やケガで知らない土地の医療機関を受診せざるをえなくなることがあります。
- そのときに備えて食物アレルギー携帯カード(p.58 参照)を携帯させておきます。
- かかりつけ医に，病歴，内服歴などを記載した「診療情報提供書」を書いてもらうのがよいでしょう。

### 4) 救急病院の事前の確認

①旅行先の急病時に受け入れてもらえる医療機関を調べておきましょう。
②救急搬送を依頼したときに，救急車が到着するまでのおおよその時間を調べておきましょう。
③搬送される場合は，医療機関までの所要時間を調べておきましょう。
④かかりつけ医に「診療情報提供書」を書いてもらい持参しましょう。

### 5) その他の注意点

①アナフィラキシーの既往あるいは可能性のある子どもは，宿泊を伴う学校行事にはエピペン®を持参することが望まれます。医療機関から離れた場所で宿泊する場合には，エピペン®は複数本処方される場合があります。まだ処方されていない場合には，主治医と相談するよう誘導します。処方された場合には，学校の先生も使用方法，また，どのタイミングで使用するのか，前もって講習を受ける必要があります。
②症状がでたときに服用する緊急内服薬を持参するのか前もって確認し，誰がどこに持参しているのかを，引率する教職員全体で共有しておきます。

（谷内昇一郎）

B. 学校生活を安全に送るための注意点

# 6. 登下校中の注意点

> **Point**
> - 登下校中では通学カバンを持ちながら歩くために，アレルギー症状が起きやすくなります。
> - 登校中は，朝食での誤食が原因で症状が起きることがあります。
> - 登下校中は，保護者や先生など大人の眼が子どもから離れてしまう時間帯なので，急変時の対応が困難になります。
> - 市街地を離れて通学する場合や，電車や通学バスを使って長距離通学する場合には，特に個別の対策が必要となります。

- 登下校中は，教科書や学習用具も重く，歩くことでアレルギー症状が起きやすくなります。特に登校中は，朝食での誤食が原因で歩いているときに異変を感じたり，学校内で始業時間前に症状がではじめることがあります。
- 子どもには，「我慢しない，動かない，助けを呼ぶ」の3原則を繰り返し教育しておいてください。1人で登下校しないようにさせ，子どもが異変を感じたら同じ登下校班の子どもに連絡係になってもらいましょう。
- 山間部など市街地を離れて通学する場合には，まわりに大人がいない場合もあり，緊急連絡用に携帯電話の所持を許可しておきます。
- 電車や通学バスを使って長距離通学する場合には，利用する駅の係員やバスの運転手などに，緊急時の連絡先や初期対応を伝えるなどの個別対策が必要になります。

（谷内昇一郎）

## C. 学校給食の注意点
# 1. 安全なアレルギー対応の学校給食を提供するための基本事項

> **Point**
> - 学校で使う食材の特定原材料成分情報を，給食センターや自治体ごとに一括管理します。
> - アレルギー対応を必要とする子どもの情報を十分に把握し，調理スタッフ間で共有します。
> - その日につくるアレルギー対応献立を栄養士・調理士全員で確認します。
> - アレルギー対応献立に加工食品を使用するときには，原因食物が含まれていないか，成分表示を毎回点検します。
> - 調理にあたっては，調理中の原因食物の飛散による微量混入が起きないよう，調理場所や作業の動線を検討します。
> - 配膳間違いが起きないように，教職員全員が細心の注意を払います。

## a. 食材の情報管理

学校で使う食材の特定原材料情報を，給食センターや自治体で一括管理すると，効率もよく，また精度も高まります。情報管理にあたっては，兵庫方式の申請書（図）[1]を用いると情報の漏れがなくなります。

## b. アレルギー対応を必要とする子どもの情報を十分に把握しておく

アレルギー対応を必要とする子どもの情報を十分に把握し，保護者の許可を得て調理スタッフ間で共有します。

## c. 調理スタッフ間でのアレルギー対応献立情報の周知徹底，連絡を密にする

その日につくるアレルギー対応献立を，調理スタッフ間で周知徹底します。アレルギー対応を必要とする子どもの名前とクラス，原因食物，給食対応の方法を一覧表に整理し，対応ミスが起きないように工夫します。

## d. 食材の成分確認

加工食品を使用する場合には，特定原材料表示を毎回確認し，予告なく成分変更された場合に

**図** 学校給食用物資登録申請書（兵庫方式による）

〔神戸哲雄. 兵庫方式による学校給食の食材管理. 小林陽之助, 他(監), 食物アレルギーの治療と管理. 改訂第2版, 診断と治療社, 2008；100-104〕

も原因食物が子どもに届かないように注意します.

# e. 調理作業の安全確認

調理作業中の意図しない原因食物の微量混入に十分に注意します. 微量混入が起きないよう調理時間をずらしたり, 調理場所を離すなどの工夫を行います. 調理器具も専用のものとします. 調理作業中は調理スタッフ間で声をかけ合うなど, お互いに注意喚起をします. 安全が確保で

C. 学校給食の注意点

きるよう，調理作業の動線や調理スタッフの配置を見直します。

## f. 配膳間違いによる誤食防止

・アレルギー対応献立は，まわりの子どもが食べる献立と見た目を変えることで，取り違え事故を防ぐことができます。盛りつける食器も色や形状を変えるなど，ひと目で違いがわかるものを選びます。
・配膳されたアレルギー対応献立は，子どもと担任教諭が献立表をもとに最終的に確認してから食べるようにします。

文献
1) 神戸哲雄．兵庫方式による学校給食の食材管理．小林陽之助，他（監），食物アレルギーの治療と管理．改訂第2版．診断と治療社，2008：100-104

（佐守友仁）

C. 学校給食の注意点

# 2. 除去のレベルに基づいた給食方法

> **Point**
> - 子どもの除去のレベルを把握します。
> - 子どもの除去のレベルと子どもや保護者の希望を取り入れながら，学校の実情を考慮して給食対応を決めます。

## a. 学校の実情

- 学校給食の運営が単独校方式なのか，共同調理場方式なのかによっても，細かい対応の違いが生じます（表1）[1]。

## b. 子どもの除去のレベルに対応した給食づくり

- 食物アレルギーがある子どもに対応した給食にはいくつかの方法があります。表2[2]，表3 に示したように子どもの除去のレベルや，給食の調理体制などを考慮して決めます。

## c. 除去のレベルの把握（表3）

- 子どもの除去のレベルは，給食に対応したレベル別に整理すると，次のようになります。
    1. 製造ラインの共有や微量混入まで中止して除去しているレベル（表3の1）
    2. 製造ラインの共有や微量混入は食べても大丈夫なレベル（表3の2）
    3. 通常の加工食品は食べても大丈夫なレベル（表3の3）
    4. 原因食物そのものを使っているが，十分に加熱した献立は食べても大丈夫なレベル（表3の4）

**表1** 学校給食の運営方式と特徴

| | |
|---|---|
| 単独校方式 | ・各学校に給食調理室がある<br>・その学校の実情にあわせた配慮がしやすい<br>・献立や材料調達については「自治体内統一」ということが多い |
| 共同調理場方式 | ・数校から十数校分の給食を1か所でつくり，各学校に配送する<br>・それぞれの学校の実情には，かなりあわせにくい<br>・危害が起こったとき，対処が遅れやすい |

〔田路永子．食物アレルギーと学校給食の考え方．小林陽之助，他（監）．食物アレルギーの治療と管理．改訂第2版．診断と治療社，2008；95-99〕

### 表2　食物アレルギーに対応した給食づくり

**a. 献立表対応**

　献立ごとの食材をすべて献立表に記載し，保護者に事前に伝えます。保護者は，その情報に基づいて献立のなかから取り除いて食べるもの，または食べる献立と食べない献立を決め，それを児童生徒らに指示します。個人に毎月の献立表を手渡すだけでなく，市のホームページで献立表が閲覧できたり，配合表を公表していたり，また，献立表とは別に，給食で用いられる学校給食用半製品・加工食品の配合表を公表している自治体もあります。

　献立表だけの対応だと，最終的な判断は保護者や子どもたちに委ねられてしまうので，本来は献立表提示だけの対応では不十分であり，除去食や代替食と組み合わせることが望ましい対応です。

**b. 弁当対応**

　給食を全く食べずすべて弁当を自宅から持参する「完全弁当対応」と，食べられない一部の献立（主食や果物など）の代わりに部分的に自宅から弁当を持参する「一部弁当対応」があります。給食対応で除去食，代替食が行われていても，ときには一部弁当対応が必要な場合もあります。

**c. 除去食**

　広義の除去食は単品の牛乳や果物を除いて提供する給食を含みますが，本来の除去食は調理の過程で特定の原材料を加えない，または除いた給食を提供することを指します。安全性を最優先に考えると，給食対応の基本と考えられます。

**d. 代替食**

　除去した食材に対して，代わりの食材を加えたり，調理法を変えたりして完全な献立（栄養価を調整されたもの）を提供することをいいます。栄養価を考慮されずに代替提供される給食は，厳密には代替食とはいいません。代替食の調理には事前の準備と人手や調理環境が必要となるため，理想的な給食対応ですが，ごく一部の調理場でしか実施されていません。

**e. ユニバーサル献立**

　おもな原因食物である卵，牛乳，小麦などを，できるかぎり使わないでつくる献立です。

〔宇理須厚雄（監）．ぜん息予防のためのよくわかる食物アレルギー対応ガイドブック2014．独立行政法人環境再生保全機構，2014：54より本文を表形式にし一部改変〕

### 表3　除去食のレベルと給食対応

| | ラインの共有微量混入 | 加工食品 | 原因食物そのもの献立（十分な加熱） | 原因食物そのもの献立（不十分な加熱） | 給食対応 |
|---|---|---|---|---|---|
| 1 | × | × | × | × | ユニバーサル献立 お弁当対応 |
| 2 | ○ | × | × | × | 除去食対応 代替食対応 |
| 3 | ○ | ○ | × | × | 献立表対応 取り分け対応* |
| 4 | ○ | ○ | ○ | × | 献立表対応 取り分け対応* |

＊：取り分け対応とは，エビやイカなど盛りつけのなかから取り分けやすい食物を子ども本人と先生が協力して取り除き，安全な部分を食べる対応です。原因食品を食べ残す方法です。

**文献**

1) 田路永子．食物アレルギーと学校給食の考え方．小林陽之助，他（監），食物アレルギーの治療と管理．改訂第2版，診断と治療社，2008：95-99
2) 宇理須厚雄（監）．ぜん息予防のためのよくわかる食物アレルギー対応ガイドブック2014．独立行政法人環境再生保全機構，2014

（佐守友仁）

C. 学校給食の注意点

# 3. 安全に食事を取るための注意点

> **Point**
> - 安全に食事を取るためには，保護者が子どもの食物アレルギーの状態を熟知し学校に正確に伝えることと，給食の献立情報が正確でわかりやすいことが必要です。
> - 正確な献立情報を提供するために，自治体などで食材情報を一括収集し管理します。
> - 献立情報をもとに，栄養教諭，保護者の両者が相談して，その月の給食対応を決めます。
> - 決められた献立対応をわかりやすく一覧表にして，子どもと保護者，関係する教職員間で共有します。
> - 子どもへの当日の注意喚起は保護者がメモにして，給食を食べ始める前に子どもが手にするものに貼りつけておきます。
> - 食べ始める前に，子どもと担任教諭が協力して最終の確認を行います。

## a. 子どものアレルギー情報と食材情報とのつき合わせ

翌月の献立表をできるだけ早い時期に保護者に手渡し，子どもの食生活と献立とをつき合わせてもらいます。原因食物の除去のレベルと給食とのつき合わせだけではなく，子どもの家庭での食生活では食べたことがない食材を整理し，給食で食べる食べないの区別分けをしてもらいます。

## b. 食材情報の一括管理

加工食品などの特定原材料情報は，各自治体などで一括収集し管理します。

## c. 給食対応の相談

保護者には判断が難しい特定原材料情報については，栄養教諭が助言を行います。翌月の献立表ができたあと，栄養教諭は保護者と個別に面談し，翌月の給食対応を相談し決定します。

## d. 給食対応の共有

決められた給食対応を一覧表にして，子どもと

保護者，栄養教諭，調理スタッフ，担任教諭，管理教職員が共有します。間違いを少なくするために色分けして，わかりやすく表記します。一覧表を複写する際は，手書きで行うのではなく，原本をカラーコピー機を使って複写し，書き写しの間違いをなくします。

## e. 子どもへの注意喚起

子どもへの注意喚起は，言葉かけだけではなく保護者が「スープは食べないでね」などをメモにし，子どもが給食を食べる前に手にするもの（箸箱やランチョンマットなど）に貼りつけて，視覚的にも注意を促します。

## f. 食べる前の最終確認

子どもが給食や弁当を食べ始める前に，献立表をもとに子どもと担任教諭が，最終的な摂取確認を行います。食べる食べないの判断を子どもだけに任せないようにします。

（佐守友仁）

## MEMO

## C. 学校給食の注意点

# 4. 給食室から教室までの注意点

### Point
- アレルギー対応献立が，給食室から食物アレルギーがある子どもの手もとまで，確実に運び届けられるシステムを構築します。
- 誤って配膳された場合を考えて，アレルギー対応献立は，まわりの献立と見た目で違いがすぐにわかる形状のものにします。

## a. 間違いが起きにくい配膳方法の構築

・給食に関連した大きな事故は，誤って配膳された献立を，食物アレルギーがある子どもが気づかずに誤食することで起きます。

・自分の机に乗せられた献立は，誤って配膳された場合でも食べてみないとわからないことが多く，原因食物を大量に摂取してしまいます。その結果，重い症状がでることにつながります。

・アレルギー対応献立を提供するときには，給食室から食物アレルギーがある子どもの手もとまで，確実に運び届けられるシステムを構築します。調理されたアレルギー対応献立が，どの子どものものなのかをすぐに見分けることができるように，名札をつけたり食器やトレイの工夫をします。また誰が給食室から子どもの手もとまで運び届ける役割をするのかを取り決めておきます。

## b. ひと目で見分けられる献立づくり

子どもの手もとに届けられた献立が，間違いなくアレルギー対応献立であることを，子どもと担任教諭で確認します。あらかじめチェックされた献立表とだされた献立を見比べて確認しますが，その際，形状や色合いが違うなど，通常の献立とひと目で差別化できるようにアレルギー対応献立づくりの工夫を行います。

（佐守友仁）

C. 学校給食の注意点

# 5. 給食当番の注意点

> **Point**
> - 給食当番をしている間に，原因食物に触ったり吸い込んだりして症状がでることがあります。
> - 給食当番をしている間は，マスクを着用させます。必要に応じてゴーグルの着用も考慮します。
> - 後かたづけの役割はさせないようにします。
> - 食物アレルギーがある子どもにも可能な給食当番の役割を，子どもと担任教諭，保護者が話し合って探しましょう。

## a. 原因食物に触れないように注意します

食物アレルギーがある子どものなかには，配膳中に原因食物に触れたり，食缶を開けたときの蒸気を吸い込んで症状がでることがあります。給食当番をしている間は，衛生面のことも考えてマスクを着用させます。目に飛び込むことを避けるために，ゴーグル（花粉症用のメガネ）を着用させることも考慮します。

## b. 給食当番の役割分担

・安全面を優先するあまり，食物アレルギーがある子どもを給食当番のローテーションから外すことは望ましくありません。食物アレルギーへの特別視と偏見を生むことにもつながりかねません。
・盛りつけ係は，パンや個包装のジャムなど触れても皮膚にあまり刺激を与えない食べ物を分担させます。牛乳パックは，工場から輸送中に破損して表面が汚れている場合があるので触らないようにさせます。
・食べ終えたあとのかたづけは，食器や牛乳パック，牛乳ビンには触らないように注意させます。
・献立のどの食べ物にも触れられないときには，「いただきます係」を担当させることもあります。
・子どもや保護者と相談しながら，食物アレルギーがある子どもにできる当番の役割を探しましょう。主治医の意見も参考にするとよいでしょう。

〈佐守友仁〉

C. 学校給食の注意点

# 6. 給食中の注意点

### Point

- その日の給食は普通に食べても大丈夫なのか，食べられる献立だけを選んで食べるのか，アレルギー対応献立を食べるのか，持参した弁当を食べるのかを，献立表をもとにして子どもと担任教諭とでダブルチェックします。
- 食べられる献立の場合にも，おかわりはしないようにルールを決めます。
- 食べられる献立だけを選んで食べる場合は，どの献立を食べてどの献立は避けるのかを間違わない手立てを考えます。
- アレルギー対応献立を提供する場合，通常の献立との配膳間違いがないかを確認します。
- 隣席の子どもから飛び散った原因食物で症状がでることがあるので，席の位置を決める際にも配慮が必要です。
- 低学年の間は，食べ散らかさない食べ方をていねいに指導します。
- 机や床面が食物で汚れた場合の拭き取りは担任教諭が行います。

## a. 給食を食べる前の最終確認

給食に関連した大きな事故は，食物アレルギーがある子どもが，献立ごとの食べる食べないの指示間違いや，配膳間違いに気づかずに誤食することで起きます。食べるかどうかの最終判断を子どもまかせにしないで，献立表を見ながら担任教諭とダブルチェックで確認します。

## b. おかわりは禁止に

食べられる献立の場合にも，食缶の間で原因食物が混入しあう危険性が大きいので，おかわりは原則禁止とします。おなかがすく場合には，はじめによそうときに大盛りにするなどの工夫をします。

## c. 隣席からの飛び散り

・隣席の子どもから原因食物が飛び散って，症状がでることがあります。原因食物が身体についたときに，じんましんなどの症状がでる可能性を主治医に確かめておきましょう。
・症状がでる可能性が高い場合は，子どもの同意を得

て隣の子どもと少し席を離すなどの配慮を行います。
・低学年の場合は，まわりの子どもに牛乳パックの持ち方などをていねいに指導しましょう。

## d. 汚れた場合の拭き取り

・原因食物で机や教室の床面が汚れた場合，拭き取りは子どもにさせるのではなく，担任教諭が行います。食物アレルギーがある子どもにさせてはなりません。机の上が汚れた場合には，上板だけではなく，側面や下面もていねいに拭き取りましょう。
・拭き取りには，雑巾は使いません。汚れた雑巾はていねいに洗っても付着した原因食物は落としきれず，乾燥後は教室内に飛散します。必ず使い捨てのティッシュペーパーかキッチンペーパーを使いましょう。

（佐守友仁）

## C. 学校給食の注意点

# 7. 後かたづけの注意点

### Point
- 食べ終えた食器や，飲み終えた牛乳パック，牛乳ビンを慎重に取り扱います。
- 牛乳パックを教室で洗浄して折りたたんで返すときには，特に注意が必要です。
- 給食のあとは，教室が食べ物で汚れていないか点検します。

## a. 食器や牛乳ビンの後かたづけ

食べ終えたあとの食器は，原因食物で汚れているので触らないようにさせます。牛乳ビンも外側が汚れている場合が多いので触らないようにさせます。

## b. 牛乳パックの取り扱い

- エコロジー教育の一環として，飲み終えた牛乳パックを教室で洗浄したあと回収して，再利用をする取り組みがあります。水を入れたバケツと空のバケツを用意し，牛乳パックを開いて水で洗い，洗ったあとの水を空のバケツに流し捨てたあと，牛乳パックを折りたたみます。こうすることで，パックの体積を小さくし再利用に回しやすくします。
- この工程では牛乳が飛び散りやすく，床面の広い範囲が牛乳で汚れます。乾燥後は粉末状の牛乳たんぱくが教室内に飛散するので危険です。牛乳パックを洗ったあとの牛乳廃液の処理も難しく，手洗い場に捨てるとその場所は，牛乳アレルギーがある子どもは近づくことができなくなります。

## c. 給食後の教室点検

給食のあとは教室の床面が食べ物で汚れていることがあります。担任教諭が汚れの有無を点検します。

（佐守友仁）

## C. 学校給食の注意点

# 8. お弁当持参時の注意点

> **Point**
> - その日の給食は，持参したお弁当を食べる日であることを確認します。
> - お弁当持参が原因で子どもの間でトラブルが生じないように注意します。
> - お弁当の献立内容は華美にならないようにします。
> - お弁当を交換しないように注意します。
> - ご飯を持参するときは電子レンジで温め直すことができないか検討します。

### a. お弁当の日の確認

子どものなかには，お弁当を持ってきている日にはお弁当を，持ってきていない日にはみんなと一緒の給食を食べるというように，給食を食べる食べないをパターン化している場合があります。例えば，母親がお弁当を持たせ忘れたり，いつもと違うところに入れて持たせた場合には，今日はお弁当を持っていないから，みんなと一緒の給食の日と考えて食べてしまうこともあります。チェックされた献立表に立ち返り，子どもと担任教諭が確認したうえで給食を食べ始めるように指導します。

### b. お弁当とトラブル

まわりの子どもの目から華美に映るようなお弁当の献立は避けます。また，お弁当箱もキャラクターものではなく地味なものを選ばせるほうが，まわりの子どもの注目を浴びることが少なく，トラブルも回避しやすくなります。

### c. お弁当交換の禁止

お弁当の交換に応じる子どもがいることも想定しておきましょう。

### d. お弁当の温め

パン給食の代わりにご飯を持参する場合には，冬季の寒冷地では冷え固まり食べにくくなります。子どもや保護者の希望を聞きながら，電子レンジなどで温め直すことができないか検討してください。

（佐守友仁）

C. 学校給食の注意点

# 9. ユニバーサル献立の必要性

> **Point**
> - 食物アレルギーがある子どもの"食のQOL"を向上させるうえで，「ユニバーサル献立」を給食対応の基本に据えると有用です。

## a. 子どものアレルギーの原因食物の現状

子どもの食物アレルギーの原因食物は，鶏卵・牛乳・小麦が多数を占めています（p. 93 4章1. 表2参照）。

## b. ユニバーサル献立の考え方

献立作成の段階で，鶏卵・牛乳・小麦などおもだった原因食物の使用頻度を減らしたり，含まれていない加工食品を選ぶことで，食物アレルギーがある子どもも食べられる給食が大幅に増えます。この考えに基づいてつくられた献立を，「ユニバーサル献立」と名づけます。まずおもだった原因食物から使用頻度を見直す給食づくりをお勧めします。

## c. ユニバーサル献立の実際

- 鶏卵は，アレルギー対応の加工食品を使うことで，使用頻度を減らすことができます。
- 牛乳は，脱脂粉乳やカゼイン，乳清などを使っていないアレルギー対応の加工食品が流通しているのでそれを選びます。パンには，脱脂粉乳が含まれていることが多いのですが，牛乳を使わないでつくるパンを提供します。牛乳を使ったスープ献立は，味噌や出汁を使った汁ものに置き換えます。チーズなどは献立に混ぜ込まないで，チーズそのものを別メニューとして提供します。
- 小麦は，米飯給食の回数を多くすることで，パン給食の頻度を減らすことができます。揚げ物の衣は，米粉やかたくり粉を使うことで小麦の使用頻度を減らすことができます。

## d. ユニバーサル献立の利点

アレルギーのことを心配しなくても，安心してみんなと一緒の給食を食べられるアレルギーのある子どもが増えます。また，除去食対応をするときに気がかりな調理室での混入の心配や，教室での配膳間違いによる誤食の機会を減らすことができます。子どもだけでなく，栄養士，調理士，担任教諭みんなに優しい「ユニバーサル献立」の普及が望まれます。

（木村彰宏）

# 4 章

食物アレルギーと
アナフィラキシーについて

## これだけは覚えておきたいこと

# 1. 食物アレルギーとは何か，注意すべき原因食物とは何か？

> **Point**
> - 食物アレルギーは，食物によって引き起こされる免疫学的機序により，生体に不利益な症状が起こる現象です。
> - 原因食物の曝露経路は，経口摂取が主たるものですが，接触，吸入，注射などでも起きることがあります。
> - 食物アレルギーではさまざまな臓器系統に反応がでますが，多臓器に同時に反応が現れる場合をアナフィラキシーといいます。主としてIgE特異抗体が関与する即時型アレルギーによって引き起こされます。
> - 原因食物では，鶏卵，牛乳，小麦，魚卵，甲殻類，ピーナッツ，魚，木の実，ソバなどの頻度が高く，年齢層によって頻度の高い原因食物は入れ替わります。

## a. 食物アレルギーの定義

・食物アレルギーとは「食物によって引き起こされる抗原特異的な免疫学的機序を介して，生体にとって不利益な症状が惹起される現象」[1]をいいます。抗原特異的とは，鍵と鍵穴のように1対1の関係で卵アレルギーなら卵のみに，牛乳アレルギーなら牛乳のみに反応する抗体を持っているということです。多品目に反応する場合でも各品目それぞれのみに反応する抗体を持っています。原因食物の曝露経路は，通常は経口摂取によって消化器粘膜からの吸収で反応が起きる場合がほとんどですが，気道からの吸入や皮膚への接触，血管内への注射など他の経路で起きることもあります。免疫学的反応としては血液中のIgE特異抗体を介して反応が起きることが多いのですが，IgEを介さない免疫反応で起きることもあります。

・IgE抗体を介して起きる反応のメカニズムを 図1 ， 図2 に示します[2]。最初に曝露された抗原（おもにタンパク質）は，粘膜や皮膚から侵入し，粘膜下や皮内，皮下に存在するマクロファージや樹状細胞という，一群の抗原提示細胞に取り込まれ，処理を受けます。このとき，抗原提示細胞とT細胞およびB細胞とよばれる種類のリンパ球との相互作用で，おもにB細胞が，その抗原に特異的なIgE抗体を産生する細胞に分化します。産生されたIgEは，粘膜下にあるマスト細胞という細胞質に顆粒様構造を有する細胞の表面のIgE受容体に結合して，反応準備状態が成立します。この準備状態を「感作」と称し，ここまでの過程には，数日から数週間以上を要します。しかし，いったん感作が成立した状態に，再び抗原に曝露されると，抗原とマスト細胞表面のIgE抗体の2分子が結合し，この架橋反応のシグナルがきっかけとなって，マスト細胞内の顆粒に蓄えられていたヒスタミンなどが放出されます。この現象を「脱顆

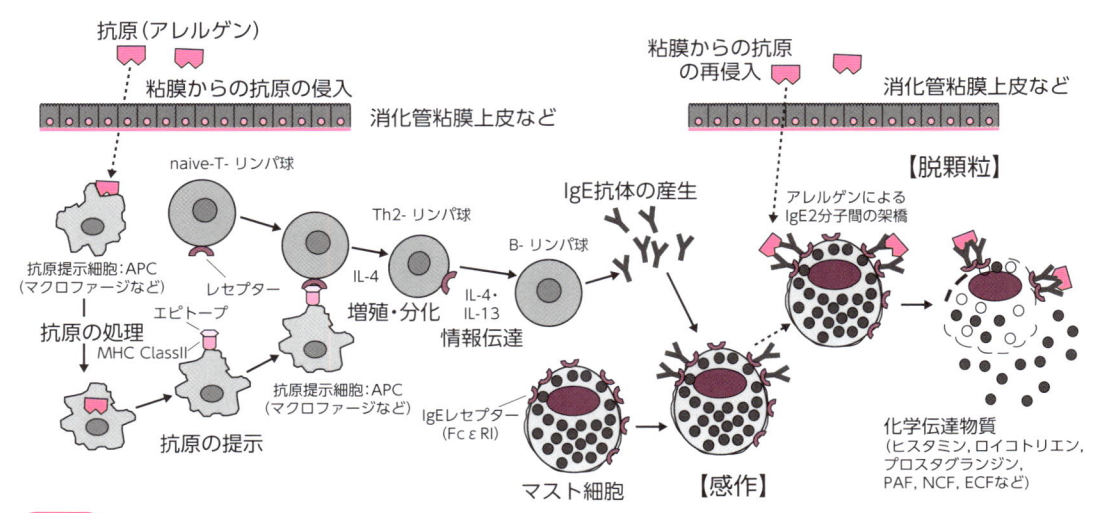

**図1** IgE依存型食物アレルギー発症のメカニズム

〔西野昌光．食物アレルギー総論．小林陽之助(監)．食物アレルギーの治療と管理．改訂第2版．診断と治療社，2008；5を一部改変〕

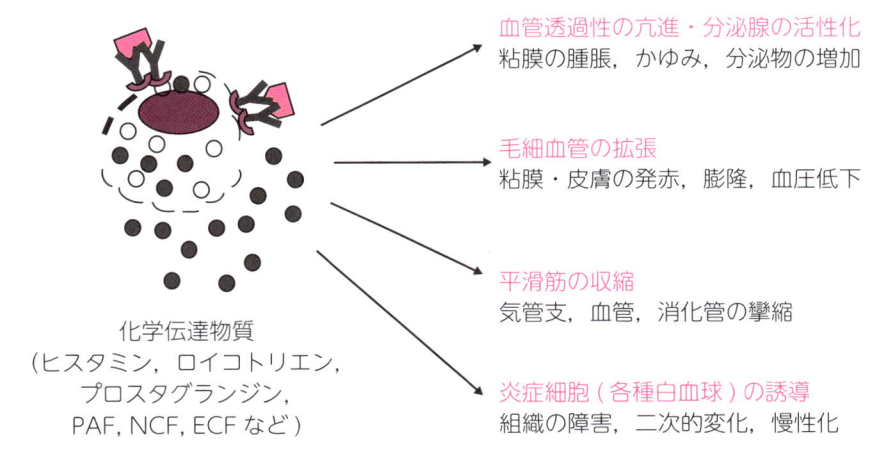

**図2** 化学伝達物質の働き

〔西野昌光．食物アレルギー総論．小林陽之助(監)．食物アレルギーの治療と管理．改訂第2版．診断と治療社，2008；6を一部改変〕

粒[注]」といいます。また，ロイコトリエン，プロスタグランジン，血小板活性化因子(platelet activating factor：PAF)，好中球遊走因子(neutrophil chemotactic factor：NCF)，好酸球遊走因子(eosinophil chemotactic factor：ECF)などが生合成され，放出されます。この化学伝達物質が，血管透過性の亢進，分泌腺の活性化，毛細血管の拡張，平滑筋の収縮，炎症細胞の誘導などを惹起し，その結果として多臓器にわたるアレルギー反応が起きます（**図2**）。この後半の「脱顆粒」反応は短時間（数秒〜30分程度，長くても数時間）で起きるので即時型反応とよばれます。

注：アレルギー症状は，ヒスタミンなどの化学伝達物質が生体組織に働くことで起こります。化学伝達物質は，ふだんはマスト細胞などの細胞内に閉じ込められていますが，アレルギー刺激などを受けると細胞内の化学伝達物質が細胞外に放出され症状が引き起こされます。この症状を「脱顆粒」といいます。

## b. 食物アレルギーの臨床型分類

食物アレルギーの関与する現象には 表1 [3)] に示すような典型的な病型があります。このうち，アナフィラキシーで問題になるのはおもに上から3番目の即時型反応です。これから先の説明では，おもにこの即時型反応について述べます。

## c. 食物アレルギーの症状

即時型の食物アレルギーでは，皮膚・粘膜の症状，消化器の症状，呼吸器の症状，心血管系の症状，中枢神経系の症状，その他の症状など臓器別にさまざまな症状がでます[4)]。乳幼児の場合は，微妙な行動の変化で始まることもあります[4)]。複数臓器に反応がまたがり，急激に進行する場合をアナフィラキシーとよび，さらに心血管系の症状が強くでる場合をアナフィラキシーショックとよびます。

## d. 原因食物

- 食物アレルギーを引き起こす原因食物別の頻度は、国・人種によって違います。わが国の集計では、図3 [5)] に示すように，頻度の高いものから鶏卵，牛乳，小麦，甲殻類，果実類，ソバ，魚類，ピーナッツ，魚卵，大豆，ナッツ類，肉類，その他の順になっています。
- 表2 [5)] に示すように，年齢層によって頻度の高い原因食物は異なります。乳幼児期は鶏卵・牛乳・小麦が多いですが，年齢層が上がると魚卵，甲殻類，果物，ピーナッツ，魚などが主になります。

**表1** 食物アレルギー臨床病型

| 臨床型 | | 発症年齢 | 頻度の高い食物 | 耐性の獲得 | アナフィラキシーショックの可能性 | 食物アレルギーの機序 |
|---|---|---|---|---|---|---|
| 新生児・乳児消化管アレルギー | | 新生児期乳児期 | 牛乳（育児用粉乳） | 多くは寛解 | (±) | おもにIgE非依存性 |
| 食物アレルギーの関与する乳児アトピー性皮膚炎 | | 乳児期 | 鶏卵・牛乳・小麦・大豆など | 多くは寛解 | (+) | おもにIgE依存性 |
| 即時型症状（じんましん・アナフィラキシーなど） | | 乳児期〜成人期 | 乳児〜幼児：鶏卵・牛乳・小麦・魚・そば・ピーナッツ など 学童〜成人：甲殻類・魚類・小麦・果物・など | 鶏卵・牛乳・小麦・大豆などは寛解しやすい，その他は寛解しにくい | (++) | IgE依存性 |
| 特殊型 | 食物依存性運動誘発アナフィラキシー（FDEIAn） | 学童期〜成人期 | 小麦・カニ・エビなど | 寛解しにくい | (+++) | IgE依存性 |
| | 口腔アレルギー症候群（OAS） | 幼児期〜成人期 | 果物・野菜など | 寛解しにくい | (±) | IgE依存性 |

〔「食物アレルギーの診療の手引き2011」検討委員会．厚生労働科学研究班による食物アレルギーの診療の手引き2011．厚生労働科学研究費補助金免疫アレルギー疾患等予防・治療研究事業食物アレルギーの発症要因の解明および耐性化に関する研究．2011；2〕

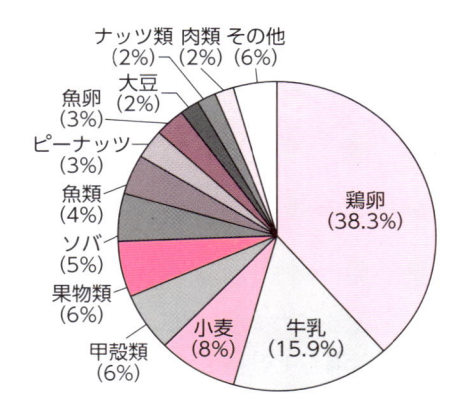

**図3** 原因食品の内訳（全年齢）（総症例数＝3,882）

〔日本小児アレルギー学会食物アレルギー委員会．食物アレルギー診療ガイドライン2012．協和企画，2011：17〕

鶏卵（38.3%）
牛乳（15.9%）
小麦（8%）
甲殻類（6%）
果物類（6%）
ソバ（5%）
魚類（4%）
ピーナッツ（3%）
魚卵（3%）
大豆（2%）
ナッツ類（2%）
肉類（2%）
その他（6%）

**表2** 年齢別原因食品

| 年齢群 | 0歳 | 1歳 | 2, 3歳 | 4～6歳 | 7～19歳 | 20歳以上 | 合計 |
|---|---|---|---|---|---|---|---|
| 症例数 | 1,270 | 699 | 594 | 454 | 499 | 366 | 3,882 |
| 第1位 | 鶏卵 62.1% | 鶏卵 44.6% | 鶏卵 30.1% | 鶏卵 23.3% | 甲殻類 16.0% | 甲殻類 18.0% | 鶏卵 38.3% |
| 第2位 | 牛乳 20.1% | 牛乳 15.9% | 牛乳 19.7% | 牛乳 18.5% | 鶏卵 15.2% | 小麦 14.8% | 牛乳 15.9% |
| 第3位 | 小麦 7.1% | 小麦 7.0% | 小麦 7.7% | 甲殻類 9.0% | ソバ 10.8% | 果実類 12.8% | 小麦 8.0% |
| 第4位 |  | 魚卵 6.7% | ピーナッツ 5.2% | 果実類 8.8% | 小麦 9.6% | 魚類 11.2% | 甲殻類 6.2% |
| 第5位 |  |  | 甲殻類 果物類 5.1% | ピーナッツ 6.2% | 果実類 9.0% | ソバ 7.1% | 果実類 6.0% |
| 第6位 |  |  |  | ソバ 5.9% | 牛乳 8.2% | 鶏卵 6.6% | ソバ 4.6% |
| 第7位 |  |  |  | 小麦 5.3% | 魚類 7.4% |  | 魚類 4.4% |

〔日本小児アレルギー学会食物アレルギー委員会．食物アレルギー診療ガイドライン2012．協和企画，2011：18〕

文献
1）日本小児アレルギー学会食物アレルギー委員会．食物アレルギー診療ガイドライン2012．協和企画，2011
2）西野昌光．食物アレルギー総論．小林陽之助（監），食物アレルギーの治療と管理．改訂第2版，診断と治療社，2008，2-11
3）「食物アレルギーの診療の手引き2011」検討委員会．厚生労働科学研究班による食物アレルギーの診療の手引き2011．厚生労働科学研究費補助金免疫アレルギー疾患等予防・治療研究事業食物アレルギーの発症要因の解明および耐性化に関する研究，2011；2．
4）アナフィラキシーの評価および管理に関する世界アレルギー機構ガイドライン．アレルギー 2013；62：1464-1500
5）日本小児アレルギー学会食物アレルギー委員会．食物アレルギー診療ガイドライン2012．協和企画，2011

（西野昌光）

# 2. 食物アレルギーの重症度を正しく評価する方法

> **Point**
> - アナフィラキシーの症状は多臓器にわたるので，重症度の把握は難しく，症状チェックシート(p.25，26参照)を活用して判断します。
> - 症状は時々刻々と変わるので，子どものもとを離れず，注意深く観察を続けることが必要です。
> - 症状の出現は，食物摂取数分後からはじまることが多いのですが，時間が経ってから症状がでる場合や，いったん初期症状が治まったあと時間をおいて再度出現する2相性の反応にも留意しましょう。
> - 食物アレルギーの症状がでたときに，ショックにいたる頻度が高い食物には特に注意しましょう。

## a. アナフィラキシーの重症度分類

食物アレルギーの重症度分類は，いくつかのものが刊行されていますが，『日本小児アレルギー学会誌2014年版』[1]が汎用されています。世界アレルギー機構(World Allergy Organization：WAO)では，食物誘因のみにかかわらず，広義のアナフィラキシーの臨床判断基準を 表 のように定義しています[2]。わが国の死亡統計でも薬剤やハチ毒などによるアナフィラキシー死が食物以上に頻度が高いことも，認識しておく必要があります。

## b. アナフィラキシーの症状出現率

『食物アレルギー診療ガイドライン』[3]では， 図1 に示すように，皮膚症状が最も多く88.6%，次いで，呼吸器症状，粘膜症状，消化器症状の順で，循環器症状を伴うショックは10.9%でした。皮膚症状のみではアナフィラキシーとはいえませんが，急激に他の症状も出現する場合や，皮膚症状なしに，いきなり呼吸困難やショックになる例も存在しますので，何らかの症状が1つでも出現すれば注意深い経過観察が必要です。「即時型食物アレルギーによる健康被害の全国実態調査」[4]では，食物別のショックに至った症例の実数は，鶏卵，牛乳，小麦，ピーナッツ，エビの順に多いのですが，各食物別の報告数のなかでショックに至った症例数の割合(ショック率)は，高い順にカシューナッツ：5/18 = 27.8%，バナナ：5/24 = 20.8%，小麦：64/347 = 18.4%，エビ：14/80 = 17.5%，ソバ：11/65 = 16.9%，ピーナッツ：20/151 = 13.2%となっています。これらの食物を摂取した後に症状が出現した場合には，特にショックに陥りやすいので注意が必要です。

| 表 | アナフィラキシーの臨床判断基準 |
|---|---|

以下の3つの基準のうち，1つ以上を満たす場合，アナフィラキシーである確率が非常に高い。
1. 急速に（数分～数時間）起こる皮膚・粘膜のいずれかまたは両方に及ぶ（全身性のじんましん・掻痒感・紅斑，口唇・舌・口蓋垂の腫脹）病変に加えさらに少なくとも次の1つを伴う場合
    A) 呼吸器障害（呼吸困難，喘鳴／気管支攣縮，上気道喘鳴，PEF低下，低酸素血症）
    B) 血圧低下や随伴症状である末梢循環不全（筋緊張低下 [虚脱]，失神，失禁）
2. アレルゲンと疑われるものに患者が接触してから数分～数時間の後に，下記2つ以上の項目が急速に発症した場合
    A) 皮膚・粘膜病変（全身性のじんましん・掻痒感・紅斑，口唇・舌・口蓋垂の腫脹）
    B) 呼吸器障害（呼吸困難，喘鳴／気管支攣縮，上気道性喘鳴，PEF低下，低酸素血症）
    C) 血圧低下や随伴症状（筋緊張低下 [虚脱]，失神，失禁）
    D) 持続的な消化器症状（疝痛発作，嘔吐）
3. 患者にとって既知のアレルゲンに曝露されてから数分～数時間の後に血圧低下が起きた場合
    A) 乳幼児・小児の場合：収縮期血圧の低下（年齢に応じた）または平常時血圧の30%を超えて血圧が低下する場合
        生後1か月から11か月：＜70mmHg
        1歳から10歳：＜70mmHg＋（2×年齢）
        11～17歳：＜90mmHg
    B) 成人：収縮期血圧が90mmHgを下回る，または患者の平常時の血圧の30%を超えて低下する場合

〔Simons FE, et al.：World allergy organization guidelines for the assessment and management of anaphylaxis. World Allergy Organ J 2011；4：13-37 を日本語訳〕
〔http://www.worldallergy.org/anaphylaxis/〕

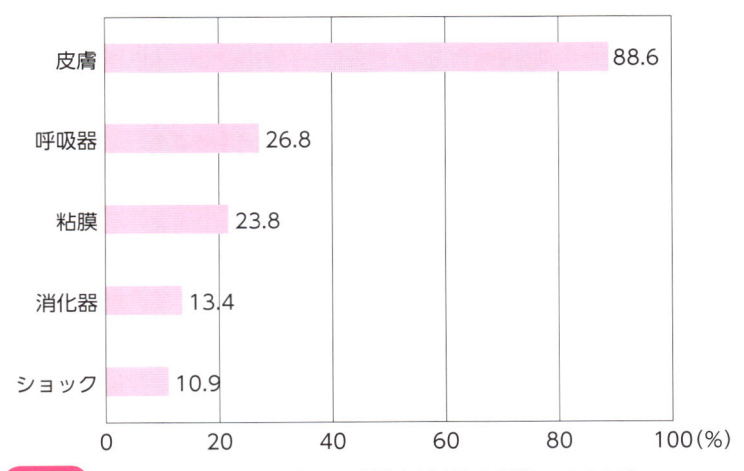

| 部位 | % |
|---|---|
| 皮膚 | 88.6 |
| 呼吸器 | 26.8 |
| 粘膜 | 23.8 |
| 消化器 | 13.4 |
| ショック | 10.9 |

図1　即時型食物アレルギーの誘発症状（総症例数＝3,882）
〔日本小児アレルギー学会食物アレルギー委員会．食物アレルギー診療ガイドライン2012．協和企画，2011；18より一部改変／文部科学省・（公財）日本学校保健会〕

## c. 食物摂取からアナフィラキシー出現までの時間（図2）[5]

・食物摂取後数秒から数時間で最初の症状が出現します。摂取後2時間以内の発症が多いのですが，消化吸収の過程で数時間遅れて症状が出現する場合や，いったん出現した症状が治まってから，数時間後に再び（2相性に）症状が出現することもありますので，いったん症状が治まっても4～8時間くらいは慎重な経過観察が必要です。2相性反応の1相目にアドレナリン作動薬（エピペン®など）やステロイドホルモン治療を開始しても必ずしも2相目の反応を予防で

きるというエビデンスはありません。しかし，1相目より2相目の反応のほうが強いことはまずありません[6]。基礎疾患に喘息があり，特に喘息のコントロールが悪いと重症化しやすいとの報告があります。p.26の重症度分類[1]のグレード2の時点で，アドレナリンやエピペン®を準備し，症状が急激に進行するときや，最初からグレード3の反応のときは躊躇せずに，アドレナリン作動薬を筋肉内注射，必要に応じてさらに追加投与や，救急搬送後の集中的な治療を要します。

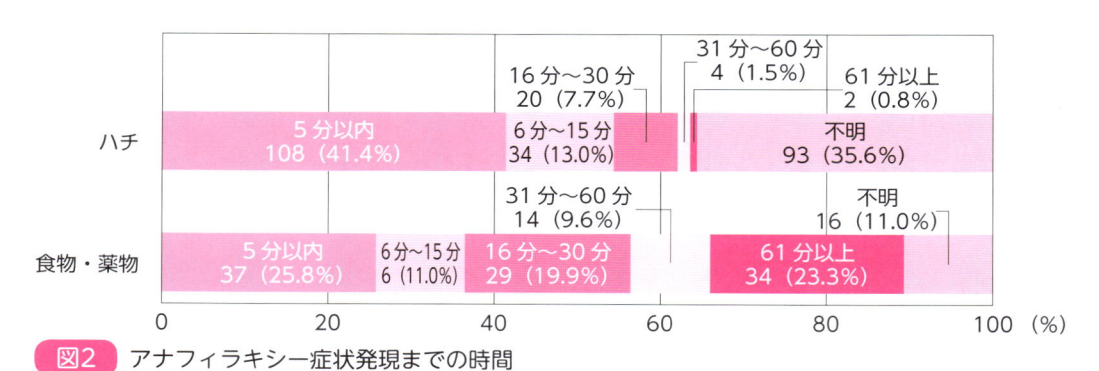

| | 5分以内 | 6分～15分 | 16分～30分 | 31分～60分 | 61分以上 | 不明 |
|---|---|---|---|---|---|---|
| ハチ | 108 (41.4%) | 34 (13.0%) | 20 (7.7%) | 4 (1.5%) | 2 (0.8%) | 93 (35.6%) |
| 食物・薬物 | 37 (25.8%) | 6 (11.0%) | 29 (19.9%) | 14 (9.6%) | 34 (23.3%) | 16 (11.0%) |

**図2** アナフィラキシー症状発現までの時間
〔海老澤元宏，他．アナフィラキシー対策とエピペン®．アレルギー 2013；62(2)：144-154〕

文献
1) 柳田紀之，他．携帯用患者家族向けアレルギー症状の重症度評価と対応マニュアルの作成および評価．日本小児アレルギー学会誌 2014；28(2)：201-210
2) Simons FE, et al.：World allergy organization guidelines for the assessment and management of anaphylaxis. World Allergy Organ J 2011；4：13-37
3) 日本小児アレルギー学会食物アレルギー委員会．食物アレルギー診療ガイドライン2012．協和企画．2011：18／文部科学省・(公財)日本学校保健会
4) 「即時型食物アレルギーによる健康被害の全国実態調査」の概要(平成23年度・24年度消費者庁調査)
http://www.cao.go.jp/consumer/history/02/kabusoshiki/syokuhinhyouji/doc/130530_shiryou1-3.pdf
5) 海老澤元宏，他．アナフィラキシー対策とエピペン®．アレルギー 2013；62(2)：144-154
6) Brown SGA, et al. Anaphylaxis. In:Adkinson NF, et al（eds）．Middleton's Allergy Principles and Practice. 8th ed. Elsevier Saunders, Philadelphia. 2014：1237-1259

（西野昌光）

# 3. 口腔アレルギー症候群

> **Point**
> - 口腔アレルギー症候群（oral allergy syndrome：OAS）とは，果物，野菜などを加熱せず生に近い状態で摂取した際に，口の中がひりひりしたり，喉の奥がかゆくなるなどの症状が現れる疾患です。
> - 即時型食物アレルギーの一種で，その多くが花粉症を合併しているため，花粉－食物アレルギー症候群ともよばれています。
> - 花粉症の発症と同様に，その多くは学童期以降に発症しますが，最近では幼児期の発症も認められ低年齢化の傾向にあります。

## a. 症　状

原因となる果物や野菜を摂取した直後から約30分以内に口腔，咽頭粘膜，口唇にひりひり感，かゆみを生じます。症状の多くは一時的で自然に消失しますが，まれにじんましんなどの皮膚症状，鼻汁，鼻閉などの鼻炎症状，咳，喘鳴などの呼吸器症状，下痢，腹痛などの消化器症状を伴うこともあり，さらにアナフィラキシーショックにまで進展した例もあります。

## b. 診　断

症状が現れたときの詳細な情報から疑わしい食物を探しだし，特異的IgE抗体検査を行います。しかし，血液検査だけでは診断が確定できない際には，新鮮な野菜や果物そのものを用いた皮膚試験（prick-to-prick test）が有用な場合があります。

## c. 治療および緊急時対応

1) 現在できる治療は，原因食物の除去のみです。軽症患者でも徐々に重篤化することもあるので安易な摂取は控えるよう指導する必要があります。
2) 多くの原因食物は加熱により抗原性が低下しますので，加熱処理された缶詰，加工食品や市販のジュースは病歴で安全性が確認されていれば摂取できます。
3) 対症療法として，抗ヒスタミン薬の内服により症状の軽減を図ることが期待できます。外出の際や学校などには常に携帯したほうがよいでしょう。アナフィラキシーの既往のある場合は，エピペン®の携帯が必要です。

## d. 交差抗原性が報告されている花粉と果物・野菜などの組み合わせ

表[1]に，花粉との交差抗原性[注]が報告されている果物・野菜などの組み合わせを示します。

**表　交差抗原性が報告されている組み合わせ**

| 花粉 | | 果物・野菜など |
| --- | --- | --- |
| カバノキ科 | シラカバ, ハンノキ, オオバヤシャブシ | バラ科（リンゴ, 西洋ナシ, サクランボ, モモ, スモモ, アンズ, アーモンド）, セリ科（セロリ, ニンジン）, ナス科（ポテト）, マタタビ科（キウイ）, カバノキ科（ヘーゼルナッツ）, ウルシ科（マンゴー）, シシトウガラシ　など |
| ヒノキ科 | スギ | ナス科（トマト） |
| イネ科 | ティモシーグラス（オオアワガエリ）, ライグラス（ホソムギ） | ウリ科（メロン, スイカ）, ナス科（トマト, ポテト）, マタタビ科（キウイ）, ミカン科（オレンジ）, 豆科（ピーナッツ）　など |
| キク科 | ヨモギ | セリ科（セロリ, ニンジン）, ウルシ科（マンゴー）, スパイス　など |
| | ブタクサ | ウリ科（メロン, スイカ, カンタロープ, ズッキーニ, キュウリ）, バショウ科（バナナ）　など |
| スズカケノキ科 | プラタナス | カバノキ科（ヘーゼルナッツ）, バラ科（リンゴ）, レタス, トウモロコシ, 豆科（ピーナッツ, ヒヨコ豆） |

〔宇理須厚雄（監）. ぜん息予防のためのよくわかる食物アレルギー対応ガイドブック 2014. 独立行政法人環境再生保全機構, 2014：8〕

文献
1) 宇理須厚雄（監）. ぜん息予防のためのよくわかる食物アレルギー対応ガイドブック 2014. 独立行政法人環境再生保全機構, 2014：8

（黒田英造）

注：アレルギーを引き起こす物質（抗原物質）の形は一つひとつ異なりますが, 生体側からみると区別がつきにくいものがあります。そのため, 別々の抗原物質であるにもかかわらず感作されたりアレルギー反応が引き起こされます。この現象を「交差抗原性」といいます。

# 4. 食物依存性運動誘発アナフィラキシー

> **Point**
> - 食物依存性運動誘発アナフィラキシー（food-dependent exercise-induced anaphylaxis：FEIAn）は，原因食物を摂取したあと運動負荷が加わることで即時型アレルギー反応が発症する特殊なタイプの食物アレルギーです。
> - 原因食物の摂取だけでは発症しません。
> - 中学生男子でもっとも頻度が高く，次いで高校生男子に多い疾患です。
> - 全身性のアナフィラキシー症状を示すことも多いため救急対応が必要となります。

## a. 臨床像

- わが国の疫学調査では，小学生から高校生の年代における食物依存性運動誘発アナフィラキシー（food-dependent exercise-induced anaphylaxis：FEIAn）の頻度は約1万2,000人に1人と報告されています。そのうちの90%は原因食物を摂取してから2時間以内に行われた運動により発症しています。
- 図[1]に示すように，原因食物としては小麦が約60%と多く，次いでエビ，カニなどの甲殻類が約30%を占めています。発症時の運動は，運動強度が高い球技やランニングなどが多いのですが，散歩などの軽い運動での発症もあります。運動の種類や負荷量，食物の種類（表1）[2]や摂取量以外に，全身状態，気象条件，感冒薬，解熱薬などの各種薬剤の服用など，発症にはさまざまな要因が関与しています（表2）[1]。

## b. 診断

初めての発症の場合は診断が困難です。食後2時間以内の運動負荷のあとに全身のじんましんや紅斑，呼吸困難，意識障害，血圧低下などのアナフィラキシーを発症した場合はこの疾患を疑い，詳しい問診を行うことが大切です。血液検査や皮膚試験により原因食物を確定し，さらに，確定診断のために十分な安全対策をしたうえでの誘発試験を行います。

## c. 治療および緊急時対応

発症を予防するための確立した薬剤はありません。発症時は他の原因によるアナフィラキシーと同様の対応を行います。

### A. 原因食物 (n=149)

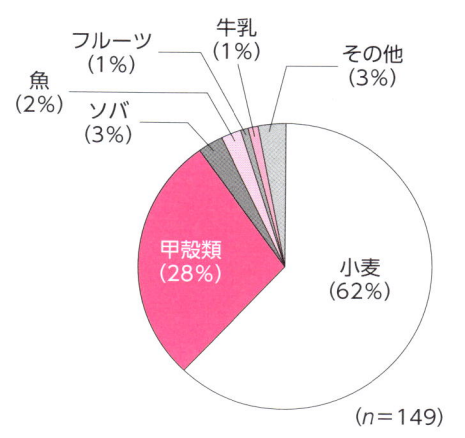

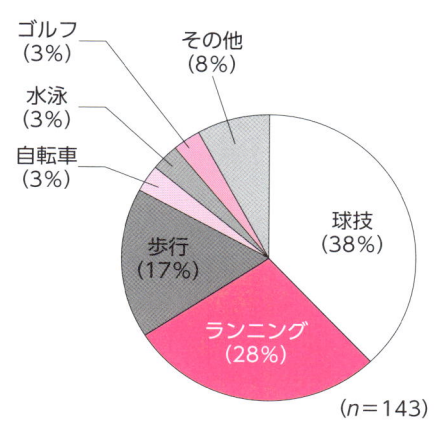

- 小麦 (62%)
- 甲殻類 (28%)
- ソバ (3%)
- その他 (3%)
- 魚 (2%)
- フルーツ (1%)
- 牛乳 (1%)

### B. 発症時の運動 (n=143)

- 球技 (38%)
- ランニング (28%)
- 歩行 (17%)
- その他 (8%)
- ゴルフ (3%)
- 水泳 (3%)
- 自転車 (3%)

**図** わが国の食物依存性運動誘発アナフィラキシー（FEIAn）報告例の原因食物と発症時の運動

〔日本小児アレルギー学会食物アレルギー委員会．食物アレルギー診療ガイドライン2012．協和企画, 2011；89 より転載〕

**表1** 食物依存性運動誘発アナフィラキシー（FEIAn）を起こす可能性のある食物

| 穀物 | 小麦（ω-5グリアジン），ライ麦，大麦，そば，オーツ麦 |
|---|---|
| 海産食品 | 甲殻類，魚，軟体動物 |
| 種子類 | からし，ごま |
| ナッツ類 | ピーナッツ，アーモンド，カシューナッツ |
| 乳製品 | 牛乳，ヨーグルト，チーズ |
| 野菜・果物 | セロリー，オニオン，ブドウ，トマト |
| 吸入抗原を含んだ食品 | ダニ，ハウスダスト，カビ |
| 肉類 | 豚肉，牛肉，イノシシの肉 |
| その他 | ワイン，カタツムリ，里芋，小豆，マッシュルーム |

〔Du Toit G.: Food-dependent execise-induced anaphylaxis in childhood. Pediatr Allergy Immunol 2007；18：455-463〕

**表2** 食物依存性運動誘発アナフィラキシー（FEIAn）発症に関与する要因

| 運動 | （負荷量，種類，食事後の間隔）・入浴 |
|---|---|
| 食物アレルゲン | （量，種類，組み合わせ，すべて） |
| 全身状態 | （疲労，寝不足，感冒） |
| 気象条件 | （気温：高温，寒冷，湿度：高い） |
| 自律神経系 | （ストレス） |
| 薬剤 | （NSAIDs：アスピリン），アルコール |
| 家族性 | |
| 月経 | （女性ホルモン） |
| 分娩 | |
| 花粉 | （野菜，果物） |
| 化粧品 | （加水分解小麦含有） |

〔日本小児アレルギー学会食物アレルギー委員会．食物アレルギー診療ガイドライン2012．協和企画, 2011；88 より転載〕

**文献**
1) 日本小児アレルギー学会食物アレルギー委員会．食物アレルギー診療ガイドライン2012．協和企画, 2011
2) Du Toit G.: Food-dependent execise-induced anaphylaxis in childhood. Pediatr Allergy Immunol 2007；**18**：455-463

（黒田英造）

- **JCOPY**〈(社)出版者著作権管理機構 委託出版物〉
  本書の無断複写は著作権法上での例外を除き禁じられています．
  複写される場合は，そのつど事前に，(社)出版者著作権管理機構
  （電話 03-3513-6969，FAX03-3513-6979，e-mail：info@jcopy.or.jp）
  の許諾を得てください．
- 本書を無断で複製（複写・スキャン・デジタルデータ化を含みます）
  する行為は，著作権法上での限られた例外（「私的使用のための複
  製」など）を除き禁じられています．大学・病院・企業などにお
  いて内部的に業務上使用する目的で上記行為を行うことも，私的
  使用には該当せず違法です．また，私的使用のためであっても，
  代行業者等の第三者に依頼して上記行為を行うことは違法です．

いざというとき学校現場で役に立つ
食物アナフィラキシー対応ガイドブック　　ISBN978-4-7878-2121-8

2015 年 4 月 24 日　初版第 1 刷発行
2016 年 9 月 12 日　初版第 2 刷発行

| 監　　修 | 伊藤節子 |
|---|---|
| 編　　集 | 兵庫食物アレルギー研究会（黒坂文武・小島崇嗣・木村彰宏） |
| 発 行 者 | 藤実彰一 |
| 発 行 所 | 株式会社 診断と治療社 |
|  | 〒 100-0014　東京都千代田区永田町 2-14-2　山王グランドビル 4 階 |
|  | TEL：03-3580-2750（編集）　03-3580-2770（営業） |
|  | FAX：03-3580-2776 |
|  | E-mail：hen@shindan.co.jp（編集） |
|  | 　　　　eigyobu@shindan.co.jp（営業） |
|  | URL：http://www.shindan.co.jp/ |
| イラスト | 小林弥生 |
| 表紙デザイン | 長谷川真由美 |
| 印刷・製本 | 広研印刷 株式会社 |

©Setsuko ITO, Fumitake KUROSAKA, Takatsugu KOJIMA, Akihiro KIMURA, 2015. Printed in Japan. [検印省略]
乱丁・落丁の場合はお取り替えいたします．